Vulkane	Das alte Rom	Hunde	Wasser	Flugmaschinen	Große Musiker
37	38	39	40	41	42
Pferde	Kriminalistik	Säugetiere	Wetter	Fossilien	Pflanzen
43	44	45	46	47	48
Wikinger	Evolution				
49	50				

W0058202

Alphabetische Reihenfolge der Bände auf der letzten Seite

Fische

Petersfisch

Knurrhahn

Hechtschädel

Gelber Lippfisch

Seepferdchen

Skorpionsfisch

Kubanischer Schweinsfisch

Wissen entdecken

Juwelchen

Fische

Text von
Steve Parker

Drückerfisch

Fadenwels

Igelfisch

Nagelrochen

Paletten-
Doktorfisch

Gelber Buntbarsch

DK

DORLING KINDERSLEY

Spiegelfleck-Lippfisch

Vogelfisch

DORLING KINDERSLEY

London, New York, Melbourne,
München und Delhi

Programmleitung Beth Sutinis
Projektbetreuung Susan McKeever
Lektorat Sophie Mitchell
Redaktion Elizabeth Hester, Larua Buller
Redaktionsleitung Sue Unstead
Herstellung Chris Avgherinos, Ivor Parker
Bildredaktion Neville Graham, Julia Harris
DTP-Design Milos Orlovic
Fotos Dave King, Kim Taylor, Jane Burton, Colin Keates
Art Director Anne-Marie Bulat, Dirk Kaufmann
Redaktionelle Beratung Gordon Howes
(National History Museum, London)
Umschlaggestaltung Smiljka Surla

Für die deutsche Ausgabe:
Programmleitung Monika Schlitzer
Projektbetreuung Martina Glöde, Janna Heimberg
Herstellungsleitung Dorothee Whittaker
Herstellung Anna Ponton

Bibliografische Information Der Deutschen Bibliothek
Die Deutsche Bibliothek verzeichnet diese Publikation in der
Deutschen Nationalbibliografie; detaillierte bibliografische Daten
sind im Internet über http://dnb.ddb.de abrufbar.

Titel der englischen Originalausgabe:
Eyewitness Fish

Knurrhahn (von unten)

Zebra-Seenadel

Übersetzung Margot Wilhelmi, Frauke Bahle
(S. 64–71, Poster)
Satz Roman Bold & Black

ISBN 978-3-8310-1879-6

Colour reproduction by Colourscan, Singapore
Printed and bound in China by Toppan

Besuchen Sie uns im Internet
www.dorlingkindersley.de

Bandaal

Inhalt

Aufgeblasener Stachelschweinfisch

Was ist ein Fisch?

Bis ins 16. Jahrhundert war für viele Naturforscher alles, was im Wasser lebte, ein Fisch, auch Säugetiere wie Nilpferde, Robben und Wale, Kriechtiere wie die Krokodile, ebenso Schnecken, Korallen, Krebse, Seeigel, Ringelwürmer und andere niedere Tiere. Heute ist der Begriff *Fische* im engeren Sinn auf zwei Klassen von Wirbeltieren, die Knorpelfische (Haie, Rochen, Seedrachen) und die Knochenfische beschränkt. Im weiteren Sinn zählen zu den Fischen auch die Kieferlosen (Neunaugen und Inger). Diese drei Fischklassen unterscheiden sich zwar sehr voneinander, etwa so wie ein Kriechtier von einem Säugetier, doch sie haben auch viele Gemeinsamkeiten. Wie alle Wirbeltiere (Säugetiere, Kriechtiere, Lurche, Vögel) haben auch Fische ein Innenskelett, das sie von Wirbellosen wie zum Beispiel den Krebsen mit ihrem harten Außenskelett unterscheidet. Alle Fische sind an ein Leben im Wasser angepasst. Sie besitzen Flossen und atmen mit Kiemen. Die typische Fischhaut ist von Schuppen bedeckt, kann aber auch wie bei Haien Hautzähne oder wie bei Stören Knochenschilde tragen. Dieses Buch soll einen kleinen Einblick in die Vielfalt der Fische geben, die mit über 20 000 mehr Arten umfassen als die anderen vier Wirbeltierklassen zusammen.

Die Sagen von Meerjungfrauen sind Ausdruck von Sehnsüchten der Seemänner auf ihren langen Reisen.

Flossenstrahlen stützen das Flossengewebe.

Seitenlinie

Gegabelte Schwanzflosse (S. 30)

FISCHMERKMALE
Der Schuppenkarpfen ist mit bis zu 1 m Länge ein überdurchschnittlich großer Fisch, aber trotzdem ein typischer Vertreter dieser Tiergruppe. Er zeigt die charakteristische Stromlinienform mit spitzer Schnauze und schmal auslaufendem Hinterende. Der relativ hohe Rücken weist den Karpfen als langsamen Schwimmer aus. Bei den Flossen unterscheidet man zwei Typen: paarige und unpaarige. Paarig, d. h. nebeneinander je eine auf der rechten und eine auf der linken Körperseite, sind die Brust- und die Bauchflossen, die als Steuerruder dienen. Unpaarig sind die Rückenflossen (bei manchen Arten bis zu drei), die Afterflosse und die Schwanzflosse. Rücken- und Afterflossen geben dem Fisch eine stabile Lage im Wasser (wie der Kiel eines Segelboots), die Schwanzflosse dient meist als Antriebsmotor.

Der Schleimüberzug schützt vor Parasiten und lässt den Fisch leichter durchs Wasser gleiten.

Afterflosse

Rechte Bauchflosse

Walhai

Zwerggrundel

Zwerggrundel (natürliche Größe)

GROSSE FISCHE, KLEINE FISCHE
Die Größenunterschiede bei den Fischen sind für Wirbeltiere beispiellos. Der größte Fisch, der Walhai, ein harmloser Planktonfiltrierer, wird bis zu 15 m lang und über 20 t schwer. Der kleinste Fisch ist die philippinische Zwerggrundel mit einer Länge von nur 8 mm.

Keine Fische

Viele Tiere werden als „Fische" bezeichnet, nur weil sie im Wasser leben. Doch „Walfische", z. B. Delfine wie der Große Tümmler (ganz rechts), sind Säugetiere. „Tintenfische" wie die rechts abgebildete Tintenschnecke sind wirbellose Tiere und mit Muscheln und Schnecken verwandt.

Großer Tümmler

Atlantische Zwergsepia

Rückenflosse (Sie ist beim Karpfen sehr lang und wird von etwa 20 Flossenstrahlen gestützt.)

DRUCKGEFÜHL

Fische nehmen von Strömungen verursachte Druckunterschiede mit ihrem Seitenlinienorgan wahr, das aus Sinneshügeln auf der Körperoberfläche oder in Kanälen unter den Schuppen besteht. Die Druckwellen bewegen kleine Gallertklumpen, die die Fortsätze von Haarsinneszellen abknicken. Dadurch entstehen elektrische Impulse, die im Nervensystem verrechnet werden.

Wasserdruck
Haut
Poren öffnen sich in den Kanal.
Innerer Kanal
In Gallerte eingebettete druckempfindliche Sinneshaare
Die Sinneshaare verwandeln den Druck in Nervenimpulse.
Nervenleitung zum Gehirn

Dachziegelartig überlappende Schuppen (S. 14)

Auge (Viele Fische sehen sehr gut.)

Nasenloch

Hornige Lippen

Mund (zur Nahrungs- und Atemwasseraufnahme)

Bartel (Geschmacks- und Tastsinnesorgan)

Kiemendeckel

Bauch

Durch die fast durchsichtigen Schuppen schimmert die silbrige Haut – eine Tarnfärbung.

Rechte Brustflosse

SÜSS ODER SALZIG?

Wasser ist nicht gleich Wasser. Der Salzgehalt des Wassers ist ausschlaggebend für den Wasserhaushalt des Fischs. Im Süßwasser, also in Seen und Flüssen, dringt viel Wasser in den Fischkörper ein, der „salziger" als seine Umgebung ist. Daher muss der Fisch auch wieder viel Wasser ausscheiden. Im Meer verliert der Fisch eher Wasser an die Umgebung, daher trinkt er viel und gibt nur wenig, stark eingedickten Urin ab. Da hierfür spezielle Anpassungen notwendig sind, können die meisten Fische nur im Süßwasser oder im Salzwasser leben. Doch einige, z. B. der Lachs, wandern aus dem Meer in die Flüsse, um dort abzulaichen. Die Aale gehen den umgekehrten Weg.

Die Fische sind ein Tierkreiszeichen.

Springende Lachse auf der gefahrvollen Wanderung vom Meer in die Flüsse

Innenleben eines Fischs

Fische haben viele Organe, die man auch bei anderen Wirbeltieren, auch bei uns Menschen, findet. Das Gerüst des Körpers bildet das Skelett (S. 10). Das Gehirn verarbeitet die Umweltinformationen, die die Sinnesorgane wie Augen und Seitenlinie (S. 7) aufnehmen, und steuert die von den Muskeln ausgeführten Schwimmbewegungen. Während wir mit Lungen Luftsauerstoff atmen, besitzen Fische Kiemen, mit denen sie Sauerstoff aus dem Wasser aufnehmen können. Das Herz des Fischs pumpt Blut durch ein Adernetz, im Verdauungstrakt wird die Nahrung in die für Wachstum und Aufrechterhaltung der Körperfunktionen wichtigen Nährstoffe zerlegt. Verschiedene Drüsen stellen Verdauungsenzyme und Botenstoffe (Hormone) zur Steuerung der Entwicklung her. Im Dienst der Fortpflanzung (S. 40) stehen die Geschlechtsorgane.

Wie Fische atmen

Alle Tiere benötigen Sauerstoff zum Leben. Landwirbeltiere nehmen den Sauerstoff aus der Luft in den Lungen auf. Der im Wasser gelöste Sauerstoff wird von den Fischen mit Kiemen aufgenommen. Das Wasser strömt durch die stark durchbluteten Kiemen, Sauerstoff tritt durch die dünnen Kiemenwände in das Fischblut, das ihn überall im Körper verteilt.

SCHWIMMBLASE
Mit der Schwimmblase, einer Ausstülpung der Darmwand, können Fische im Wasser auf- und absteigen (oben). Bei einigen ist sie mit dem Innenohr verbunden und dient als „Trommelfell" (Mitte). Lungenfische besitzen paarige Darmausstülpungen zur Luftatmung (unten).

Schwimmblasen – Vorderansicht (links) Seitenansicht (rechts)

KNOCHENFISCHE
Bei typischen Knochenfischen wie dem Flussbarsch befinden sich die meisten inneren Organe in der unteren Körperhälfte, die obere wird von Schwimmuskelpaketen ausgefüllt. Einige Fische, z. B. der Karpfen, besitzen keinen Magen, sondern einen vielfach gewundenen Darm.

Rückenmark (im Rückgrat) · Niere · Magen · Schwimmblase · Speiseröhre · Gehirn · Harnblase · After · Eierstock (Weibchen) · Darm · Milz · Leber · Herz · Kiemenbogen · Pylorusanhänge

KNORPELFISCHE
Die Organe eines Hais entsprechen denen eines Knochenfischs, doch es fehlt die Schwimmblase. Außerdem sind die Darmwindungen bei Haien zu einer schraubenförmigen Spirale verschmolzen, die die Aufnahmefläche für Nährstoffe vergrößert.

Niere · Magen · Rückenmark (im Rückgrat) · Eierstock · Kiemenbogen · Gehirn · Kloake (Ausgang für Kot, Urin, Eier oder Spermien) · Darm · Schlund · Herz · Milz · Leber · Speiseröhre

KIEFERLOSE
Der Verdauungstrakt eines Ingers ist kaum mehr als ein gerades Rohr vom Mund zum After. Das Tier atmet mit inneren Kiemensäcken, die mit dem Schlund in Verbindung stehen und von feinen Äderchen umsponnen sind.

Darm · Rückenmark · Kiementasche · Speiseröhre · Gehirn · After · Leber · Herz · Unpaariger Kiemenausgang · Mund

Reusendornen · Kiemenhöhle · Schlund · Kiemenbogen · Wassereinstrom · Mund · Auge · Kiemenblätter · Kiemendeckel · Wasserausstrom

WASSERSTROM DURCH DIE KIEMEN *oben*
Bei Fischen im Aquarium kann man beobachten, dass sie regelmäßig das Maul öffnen und schließen: Sie atmen. Der Mund öffnet sich bei geschlossenen Kiemendeckeln, das Atemwasser wird angesaugt. Der Mund schließt sich, die Kiemendeckel öffnen sich durch den Wasserdruck nach außen, das Wasser strömt aus. (Bei Haien hat jeder Kiemenbogen eine eigene spaltartige Öffnung nach außen, ein Kiemendeckel ist nicht vorhanden.) Dauerschwimmer wie Thunfisch und Makrele schwimmen immer mit leicht geöffnetem Mund, sodass das Wasser passiv ein- und durch die geöffneten Kiemendeckel ausströmt.

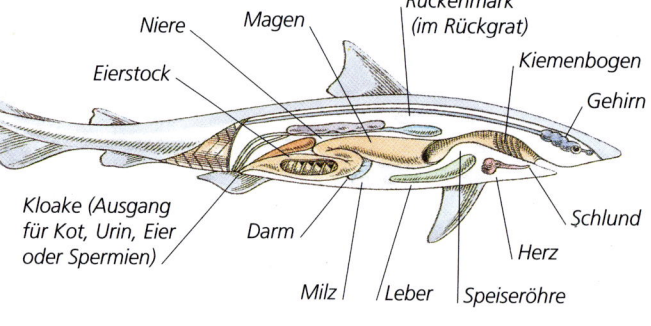

DIE KIEMENBÖGEN

Die Kiemen des großen, schnell schwimmenden Thunfischs müssen viel Sauerstoff aus dem Wasser aufnehmen. Unter jedem Kiemendeckel befinden sich vier Kiemen, jede von einem Knochenbogen gestützt. An jedem Kiemenbogen sitzt eine Doppelreihe von Kiemenblättchen, die in viele, kleine Kiemenfältchen zergliedert sind. So ergibt sich eine große Oberfläche für die Sauerstoffaufnahme – bis zur 10-fachen Größe des ganzen Fischs.

Die Kiemenblättchen bestehen aus fransenartigen Fältchen.

Reusendornen filtern das Wasser, das über die Kiemen strömt.

Knorpeliger Kiemenbogen

Thunfischkieme
(etwas vergrößert)

LUFTATMUNG

Einige Fische können durch besondere Organe zur Luftatmung in sauerstoffarmen Gewässern überleben. So kann der bis zu 4 m lange Arapaima aus dem Amazonasgebiet über die mit dem Schlund verbundene Schwimmblase Luft atmen. Schlangenkopffische besitzen dazu ein sogenanntes Labyrinthorgan, eine stark gefaltete Einbuchtung der Kiemenhöhle.

Arapaima

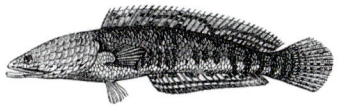

Schlangenkopffisch

SYSTEMATISCHE ÜBERSICHT ÜBER DIE HEUTIGEN FISCHE			
Kieferlose		Neunaugen, Inger	Etwa 45 Arten
Knorpelfische (Chondrichthyes)		Haie, Rochen	Etwa 600 Arten
	Haie und Rochen (Plattenkiemer)		
	Seedrachen	Seeratten	20 Arten
Knochenfische (Osteichthyes)		Quastenflosser	1 Art
	Quastenflosser	Afrikanischer Lungenfisch, Australischer Lungenfisch	7 Arten
Muskelflosser	Lungenfische		
	Knorpelganoiden	Stör, Löffelstör, Schaufelstör	36 Arten
Strahlenflosser	Knochenganoiden	Knochenhecht, Kahlhecht	8 Arten
	Echte Knochenfische	Barsche, Karpfen etc.(die meisten modernen Fische)	Über 25 000 Arten

FISCH-SYSTEMATIK

Im Lauf ihrer Entwicklungsgeschichte sind Tausende von Fischarten ausgestorben. Ihre Fossilien geben Aufschluss über die Verwandtschaftsbeziehungen der heute lebenden Arten (S. 12). Einige seltene und urtümliche Arten werden als „lebende Fossilien" (einzige lebende Vertreter ausgestorbener Gruppen) in eigenen Gruppen abgetrennt. Lungenfischähnliche Tiere könnten die Vorfahren der heutigen Landwirbeltiere gewesen sein.

Knochenbau

Wie wir besitzen auch Fische ein von einer Wirbelsäule gestütztes Innenskelett. Bei Haien und Rochen besteht dieses Skelett aus Knorpel (Knorpelfische). Bei primitiven Knochenfischen wie dem Stör besteht das Skelett noch zum großen Teil aus Knorpel (Knorpelganoiden), bei den Knochenhechten ist es noch teilweise knorpelig (Knochenganoiden). Die meisten Fische aber besitzen ein Knochenskelett (Echte Knochen-fische). Es lässt sich in drei Bereiche gliedern: den Schädel mit Gehirnschädel, Kiefer und Kie-menbögen, die Wirbelsäule mit Rippen und Wirbelfortsätzen und das Flossenskelett, die Knochen und Knochenstrahlen, die Schwanz und Flossen stützen.

Erste Rückenflosse

Der Hirnschädel schützt das Gehirn.

Ober-kiefer

Unterkiefer

Kiemendeckelknochen: Stütze des Kiemen-deckels und Schutz der zarten Kiemen

Brustflossen

Bauchflossen

Flossenstrahlenträger

Alte Knochen

Wie die meisten erfolgreichen Tiergruppen zeigen die Fische die unterschiedlichsten Anpassungen an verschiedene Lebens-umstände. Dies spiegelt sich auch im Knochenbau wider. Im Lauf der Entwicklungsgeschichte sind die jeweils wichtigen Knochen oft größer geworden, unwichtige nahezu verschwun-den. Rechts sind einige ungewöhnliche Knochen abgebildet.

RIESENHAI-WIRBEL
Der Riesenhai ist nach dem Walhai der zweitgrößte Fisch der Welt. Da er ein Knorpelfisch ist, besteht das Skelett hauptsäch-lich aus Knorpel. Die Abbildung zeigt einen durch verkalkte Fasern verstärk-ten Wirbelkörper.

Der Wirbelkörper wird durch verkalkte Fasern verstärkt.

Die Rückenflosse liegt weit hinten.

KOFFERFISCH-KOFFER
Am Rückgrat hat der Koffer-fisch lange Flossenträger für die Rückenflosse, die weit hinten am Körper sitzt. Der Körper ist von einem schützenden „Koffer" aus Knochenplatten umgeben. Daher schwimmt der Fisch nicht mit dem ganzen Körper, sondern wie ein „Hubschrauber" mit Flossen- und Schwanzpropellern.

Kofferfisch

SCHUTZPANZER
Das Rückgrat des Cascadura, eines süd-amerikanischen Panzerwelses, ist gedrungen und steif. Ein Panzer aus überlappenden Knochenplatten gibt dem Fisch Schutz auf Kosten der Schnelligkeit.

FISCHGERÜST

Dieses gut erhaltene Skelett eines Dorschs zeigt die typischen Merkmale eines Knochenfischskeletts. Bei den Knochenfischen gibt es zwei verschiedene Knochentypen. „Ersatzknochen" werden erst aus Knorpel angelegt und verknöchern dann. „Deckknochen" entstehen aus Bindegewebe der Haut. Der Dorsch oder Kabeljau ist ein häufiger Speisefisch. Die kleinen, spitzen Zähne weisen ihn als Räuber aus. Er frisst hauptsächlich andere Fische wie Makrelen und Heringe, doch auch sonst ist nichts vor ihm sicher. In Dorschmägen hat man schon Steckrüben, Rebhühner und Bücher gefunden.

Dorsch

Flossenträger der Rückenflossen

Zweite Rückenflosse (Der Dorsch hat im Gegensatz zu den meisten anderen Fischen drei Rückenflossen.)

Rückgrat

IMMERGRÜNE KNOCHEN

Hornhechte sind als Speisefische aufgrund ihres türkisgrünen Skeletts nicht sehr gefragt, wenngleich die unerklärliche Färbung für den Verzehr harmlos ist und den Geschmack nicht beeinträchtigt.

Europäischer Hornhecht

Flossenstrahlen stützen die Flossen.

Schwanzflosse

Vordere Afterflosse (Im Gegensatz zu vielen anderen Fischarten hat der Dorsch zwei Afterflossen.)

Hintere Afterflosse

Schwanzwirbel

FISCHRHEUMA

Bei älteren Spatenfischen findet man oft Knochenschwellungen an Skelettknochen und Flossenstrahlen, die ihnen ein eigenartiges Aussehen verleihen. Die Knochenverdickung (Hyperosteosis) erfolgt wahrscheinlich durch verstärkte Einlagerung von Kalk aus der Nahrung (Korallen). Doch scheinbar können die Fische ganz normal weiterleben.

WIRBELWÖLBUNG

Bei den meisten Fischen sind die Wirbelkörper nach innen gewölbt (konkav) wie beim Hecht. Beim Knochenhecht aber sind sie nach außen gewölbt (konvex).

DAUERSCHWIMMER

Große Hochseefische besitzen sehr kräftige Muskeln und eine entsprechend kräftige Wirbelsäule. Dieser Wirbel eines Fächerfischs, einer der schnellsten Fische, besitzt lange, flügelartige Fortsätze, an denen die Muskeln ansetzen und die dem Rückgrat Stabilität verleihen. Ein Fächerfisch erreicht Geschwindigkeiten von bis zu 90 km/h.

Fächerfisch

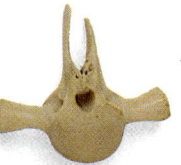

Konvexer Wirbelkörper eines Knochenhechts

Konkaver Wirbelkörper eines Hechts

Für die Knochenkrankheit Hyperosteosis typische Schwellungen

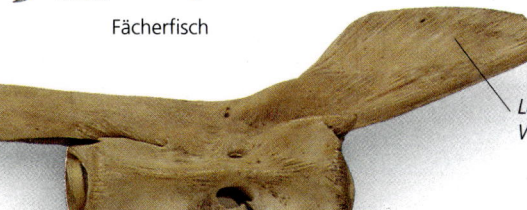

Lange, flügelartige Wirbelfortsätze

SCHWANZPROPELLER

Die hintersten Wirbel eines Kofferfischs besitzen Kiele, an denen Muskeln ansitzen. Der Schwanz kann seitlich geschlagen werden.

Die ersten Fische

Vor etwa 500 Millionen Jahren schwammen die ersten Fische in den Meeren unseres Planeten. Sie besaßen weder Kiefer noch Flossen oder Schuppen wie die heutigen Fische. Doch sie besaßen ein Rückgrat, eine Wirbelsäule – das Merkmal, das Wirbeltiere wie Vögel, Säugetiere, Kriechtiere, Lurche und Fische von allen anderen Tieren (Wirbellosen wie Insekten oder Würmern) unterscheidet. Die Wirbelsäule bildet ein festes, aber doch bewegliches Widerlager für die Muskeln. Fische sind fossil recht gut belegt, eben auch weil sie widerstandsfähige Knochenskelette besaßen. Die „Erfindung" der Kiefer war ein weiterer wesentlicher Entwicklungsschritt. Fische mit Kiefern waren gegenüber den Kieferlosen, die ihre Nahrung nur aufsaugen oder abraspeln konnten, im Vorteil. Sie konnten auch Dinge fressen, die zu groß waren, um sie auf einmal zu verschlingen. Die heutigen Fische besitzen mit Ausnahme der Neunaugen und Inger alle Kiefer.

URFISCHE
Die ersten Kieferfische erschienen im Silur, vor 435 Mio. Jahren. Sie mögen etwa so ausgesehen haben wie auf dieser Darstellung.

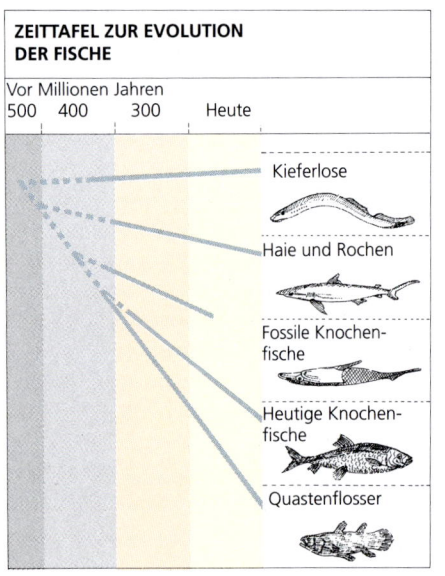

ZEITTAFEL ZUR EVOLUTION DER FISCHE

Vor Millionen Jahren
500   400   300   Heute

- Kieferlose
- Haie und Rochen
- Fossile Knochenfische
- Heutige Knochenfische
- Quastenflosser

DER ERSTE STRAHLENFLOSSER
Dieser etwa 250 Mio. Jahre alte fossile *Palaeoniscus*, ein urtümlicher Knorpelganoid, war einer der ersten Strahlenflosser. Anfangs lagen die Flossenstrahlen parallel zum Fischkörper, doch im Lauf der Entwicklungsgeschichte fächerten sie sich zur typischen Form der modernen Fischflosse auf. Bei diesem gut erhaltenen Fossil sind die Schuppen gut zu erkennen.

Knochenpanzer

SCHALENHÄUTER
Cephalaspis gehörte einer ausgestorbenen Gruppe von kieferlosen Fischen, den Ostracodermen (Schalenhäutern), an. Dieses Fossil ist fast 400 Mio. Jahre alt. Die ersten Fische besaßen keine Kiefer, sondern fleischige Saugmünder, ein großer Knochenschild schützte Kopf und Kiemen. Diese Fische waren nur etwa 10 cm lang.

Rekonstruktion eines *Cephalaspis*

Rekonstruktion eines *Palaeoniscus*

Haiartige Flosse

DORNHAI
Ischnacanthus, ein Acanthodier („Dornhai"), besaß eine haiähnliche Körperform und am Vorderende jeder Flosse einen kräftigen Stachel. Ihre Blütezeit hatten die Dornhaie vor 400–355 Mio. Jahren, dann starben sie langsam aus.

Knorpelstreben

Reliefartige Schuppenabdrücke

Schuppen

KNOCHENGANOID
Dapedium aus dem unteren Jura (vor etwa 190 Mio. Jahren) gehörte zu den Knochenganoiden. Er besaß eine voll ausgebildete knöcherne Wirbelsäule, aber das übrige Skelett enthielt noch viel Knorpel. Auch heute gibt es noch einige Vertreter dieser urtümlichen Fischgruppe, so die nord- und mittelamerikanischen Knochenhechte. Der größte Vertreter der Gruppe ist der räuberisch lebende, bis zu 3 m lange Alligatorfisch oder Große Kaimanfisch.

Großes Raubfischmaul

DER AUFSTIEG DER ECHTEN KNOCHENFISCHE
Eurypholis mit dem stromlinienförmigen Körper, dem großen Maul und den scharfen Zähnen eines Räubers ist ein Echter Knochenfisch (S. 9, wie die meisten heute lebenden Fische. Der Aufstieg dieser wendigen, anpassungsfähigen Lebewesen begann vor etwa 200–100 Mio. Jahren.

Diese Darstellung von *Eusthenopteron* zeigt Schädelknochen und Innenskelett.

AUS FLOSSEN WERDEN BEINE
Der schlanke, räuberisch lebende *Eusthenopteron* war ein primitiver Quastenflosser. Fische aus dieser Verwandtschaftsgruppe gelten als Ahnen der Landwirbeltiere. *Eusthenopteron* selbst gehörte nicht zu diesen Landwirbeltier-Ahnen.

Quastenflossen

FAST MODERN
Knochenfische wie der kleine *Stichocentrus* eroberten langsam die Gewässer der Erde. Das knöcherne Innenskelett, ein biegsamer Körper und Flossen, funktionstüchtige Kiefer und leichte Schuppen stellten wesentliche Verbesserungen gegenüber den kieferlosen, schwer gepanzerten Fischen wie *Cephalaspis* dar.

FLÜGELSTREBEN
Knorpelskelette verwesen leichter als Knochen und versteinern daher auch seltener. So weiß man über die Evolution der Rochen und Haie weniger als über die der Knochenfische. Bei diesem fossilen Stachelrochen (*Heliobatis*) versteifen Dutzende von Knorpelstreben die „Flügel" (Brustflossen). Die heutigen Rochen haben sich gegenüber ihren fossilen Verwandten kaum verändert.

Paddelartige Flossen

Berühmter Fisch
Quastenflosser kannte man seit Langem als z. T. über 400 Mio. Jahre alte Fossilien. Sie galten als seit 80 Mio. Jahren ausgestorben. Doch dann entdeckte man 1938 vor Südafrika ein solches Tier – eine wissenschaftliche Sensation. Einheimische Fischer hatten diese Fische scheinbar schon öfter gefangen und ihre Schuppen wurden als Schmirgelpapier benutzt. Seither wurden über 100 Quastenflosser gefangen. Bei den Komoren, einer Inselgruppe vor Südostafrika, gelang es auch, diese Fische in ihrer natürlichen Umgebung zu filmen.

Der Quastenflosser: ein lebendes Fossil

Schuppen

Die Fischhaut ist meist von Schuppen bedeckt. Bei den meisten Echten Knochenfischen sind dies einlagige biegsame, rundliche Plättchen, die wie Dachziegel übereinanderliegen. Haie und Rochen sowie die Drückerfische haben Zahnschuppen, im Prinzip wie Zähne gebaute Bildungen der Haut. Die vierlagigen Schmelzschuppen der Quastenflosser und die dreilagigen des Kaimanfischs sind rautenförmig und von einer glänzenden Schmelzschicht überzogen. Einige Fische jedoch haben gar keine Schuppen, sondern eine besonders dicke Lederhaut. Ihre Schlüpfrigkeit erhalten die Fische nicht durch die Schuppen, sondern durch einen Überzug aus Schleim, der von Hautdrüsen ausgeschieden wird.

Große Spiegelschuppen entlang der Seitenlinie

Afterflosse

Bauchflosse

STÖRSCHUPPEN

Störe, Mitglieder einer 135 Mio. Jahre alten Fischgruppe, haben im Lauf ihrer Entwicklungsgeschichte ihre Schuppen verloren. Sie besitzen nur fünf Reihen von Knochenschilden mit Durchmessern von bis zu 10 cm.

Störschild

Stör

WIE SANDPAPIER

Früher benutzte man Haihaut als natürliches Schmirgelpapier oder als rutschfeste Ummantelung für Schwertgriffe. Denn die Haut der Haie und Rochen ist nicht schlüpfrig (glatt) wie die anderer Fische. Sie ist von kleinen Zahnschuppen bedeckt, die nach hinten spitz zulaufen. Streicht man gegen den Strich über die Haihaut, kann man sich Hautabschürfungen zuziehen.

Zahnschuppe

Störhaut mit drei Reihen von Knochenschilden

Rautenförmige Schuppen

Leicht überlappende Knochenhechtschuppen (Seitenansicht)

RAUTENSCHMELZSCHUPPEN

Die nordamerikanischen Knochenhechte besitzen wie ihre ausgestorbenen Verwandten einen festen Panzer aus dicht gefügten rautenförmigen Schuppen. Die Schuppen sind von Schmelz überzogen (wie unsere Zähne) und daher hart und glänzend wie poliertes Elfenbein.

Knochenhech

DICKE SCHUPPEN

Der Quastenflosser besitzt vierschichtige, überlappende Schuppen. Die Schuppen sind Knochenplättchen, die kleine haischuppenartige Zähnchen tragen.

Spiegelkarpfen

GLÄNZENDE SCHUPPEN

Der Spiegelkarpfen, eine Zuchtform des Karpfens, hat ungewöhnlich große Schuppen, dafür aber nur sehr wenige, hauptsächlich entlang der Seitenlinie. Der übrige Körper ist „nackt". Die Riesenschuppen lassen die silbrige Haut durchscheinen, sodass sie wie Spiegel erscheinen. Eine andere Zuchtform des Karpfens, der Lederkarpfen, hat gar keine Schuppen.

SCHUPPEN ZÄHLEN

Bei den meisten Fischen sind die Schuppen in Schrägreihen angeordnet. Die genaue Zahl der Schuppenreihen ist ein Artbestimmungsmerkmal. Die Schuppenzahl entlang der Seitenlinie entspricht der Zahl der Schrägreihen. Die Schuppenzahl vom Rücken bis zum Bauch (Transversallinie) ergibt die Zahl der waagerechten Reihen.

Transversallinie

Seitenlinie

Kiemendeckel

Schuppenloser Körperbereich

RIESENSCHUPPEN

Der Tarpun, ein wendiger Räuber, gehört zu den urtümlichsten Echten Knochenfischen. Er besitzt mit die größten Rundschuppen. Sie erreichen Durchmesser von über 5 cm. Die weichen, glattrandigen Schuppen werden zu Schmuck verarbeitet.

Tarpunschuppe

Tarpun

TYPISCHE SCHUPPEN

Karpfenschuppen sind ganz typische Fischschuppen. Sie bestehen aus einer Knochenschicht und einer dünnen Hautschicht. Das Vorderende (Wurzel) steckt in der Lederhaut, in einer Schuppentasche.

WIE ALT?

Unter dem Mikroskop erkennt man bei einer Karpfenschuppe Wachstumsringe – wie bei einem Baumstamm. Die Dicke der Ringe zeigt an, wie schnell der Karpfen im entsprechenden Jahr gewachsen ist.

KAMMSCHUPPE

Kaiserfischschuppen besitzen feine, kammartige Zähnchen. Daher nennt man diesen Schuppentyp Kammschuppe.

Wachstumsringe auf vergrößerter Karpfenschuppe

DORNWELS

Dornwelse, Bewohner südamerikanischer Flüsse, tragen entlang der Körperseiten Knochenplatten, auf denen meist nach hinten gerichtete Zähne sitzen, die an die Dornen einer Rose erinnern. Der Kopf ist von einem Knochenpanzer geschützt, die großen Flossen sind mit Dornen besetzt.

Dornwels (ein Panzerwels)

Knochenplatten mit spitzen Dornen

Die Hautdornen werden bei Erregung und Gefahr aufgestellt.

STACHELSCHUPPEN

Selbst wenn sie angelegt sind, bieten die dicht sitzenden spitzen Stacheln eines Stachelschweinfischs (Nahaufnahme) einen guten Schutz. Bei Gefahr bläst sich der Fisch auf, die Stacheln werden dadurch abgespreizt (S. 38.)

Farbenpracht

Bei vielen Fischen ist die Farbenpracht keine Frage der Schönheit, sondern des Überlebens. Bestimmte Farbkombinationen dienen der Tarnung, andere setzen Signale bei der Verteidigung eines Reviers. Weiche, metallische Silber-, Grün-, Blau- und Brauntöne tarnen manche Arten im offenen Wasser, leuchtende Rot-, Gelb- und Blautöne dienen als Tarnung im farbenprächtigen Korallenriff. Flecken und Streifen verschleiern die Umrisse eines Fischs, sodass er von Räubern nicht als Fisch erkannt wird. Andere Farben zeigen Paarungsbereitschaft und locken einen Geschlechtspartner an. Die gleichen Farben warnen oft auch Eindringlinge: Verschwinde, dies ist mein Revier!

Seitenlinie

Große, perlmuttfarbene Schuppen

Augenstreifen

FALTERFISCH
Der Gitter-Orangenfalterfisch, ein Gaukler, besitzt eine leuchtend orange gefärbte Schwanzregion. Die perlmuttfarbenen Schuppen schillern in Regenbogenfarben. Das Auge ist von einem schwarzen Tarnstreifen durchzogen.

Roter Längsstreifen am Schwanz

Mit den Barteln findet der Fisch im schlammigen Wasser seine Nahrung.

Prachtschmerle

Langschnäuziger Pinzettfisch

VERSTECK IM SCHATTEN
Zwischen Pflanzenstängeln und auf den Grund ihres Sees gesunkenen Zweigen ist die Prachtschmerle mit ihren breiten, schwarzen Querstreifen gut getarnt.

Die pinzettenartige Schnauze kann Nahrung aus Felsspalten fischen.

Der Augenfleck auf der Rückenflosse verwirrt Feinde.

Falscher Augenfleck

SCHWANZ ODER LEBEN
Der Langschnäuzige Pinzettfisch besitzt einen Augenfleck an der Schwanzbasis, sodass manche Räuber das Hinterende für den Kopf halten. Der Angriff von hinten ermöglicht dem Pinzettfisch die Flucht.

Juwelchen

Auge, in einem Streifen versteckt

KÖNIGSPURPUR
Die purpurviolette Färbung des Vorderkörpers trug diesem Feenbarsch den Namen Königliche Gramma ein. Bei diesem auch Juwelchen genannten Höhlenbewohner dient die bunte Färbung kaum der Tarnung, sondern eher als Signalfärbung zur Revierverteidigung.

WIE EIN ZEBRA IM GRAS
Die Zebra-Seenadel steht nicht wie die Schlangennadel (S. 23) aufrecht im Seegras, sondern waagerecht. Ihre Streifen tarnen sie – als eine Reihe von etwa 28 Stängel.

Der durchsichtige Schwanz lässt den Fisch „zweiköpfig" erscheinen.

Franzosen-Kaiserfisch

JUGENDKLEID
Dieser junge Franzosen-Kaiserfisch wird mit zunehmendem Alter dunkler, die hellen Querstreifen werden leuchtend gelb.

Dunkler Fleck auf Rückenflosse

AUGENAUFSCHLAG
Durch Aufrichten der Rückenflosse zeigt dieser Lippfisch einen dunklen Augenfleck auf leuchtend gelbem Grund – überraschend für jeden Räuber.

Die hellen Flecken werden mit zunehmendem Alter olivgrün.

GAUKLER
Wie beim Gitter-Orangenfalterfisch (gegen-
über) liegt beim australischen
Pfauenaugen-Gaukler das
Auge in einem schwarzen
Streifen versteckt.
Das leuchtend gelbe
Hinterende mit
dem schwarzen
Augenfleck auf
der Rückenflosse
erscheint wie ein
zweites Gesicht.

*Auge, im
Kopfstreifen
versteckt*

Pfauenaugen-
Gaukler

*Der Spalt zwischen der
Rückenflosse unterhalb
des Augenflecks und
der Schwanzflosse sieht
aus wie ein Maul.*

GETARNTER LIPPFISCH
Die Lippfische gehören zu den
farbenprächtigsten Meeresbewoh-
nern. Diese rot-weiß-grüne Art ist
durch ihre Fleckenzeichnung
zwischen Algen gut getarnt.

*Der erste Dorn der
Rückenflosse kann
durch Spannen des zwei-
ten festgestellt werden.*

Rotes Auge

SCHMUTZIGES ROT
Vereinzelte dunkle Schuppen
lassen das Rot
dieses Lippfischs,
des Kubanischen
Schweinsfischs, leicht
schmutzig erschei-
nen. Wahrscheinlich
dient das der Tarnung.
Das rot gefärbte Auge
passt sich dem übrigen
Körper an.

*Auge, von
dunklem
Gesichts-
streifen
verdeckt*

Leoparden-
Drückerfisch

Kubanischer Schweinsfisch

BUNTES DURCHEINANDER
Der Leoparden-Drückerfisch sieht aus, als
sei er aus Stoffresten zusammengesetzt.
Dieses Flickenmuster aus bunten Tupfen
und Streifen verwirrt jeden Räuber.

*Der Schwanz
bleibt gelb.*

Paletten-
Doktor-
fisch

*Der rote, wimpel-
artige Schwanz
verwirrt Feinde.*

Mandarin-
fisch

BLAUER FISCH
Der Paletten-Doktorfisch, ein
Bewohner warmer atlantischer
Korallenriffe, ist in seiner Jugend
fast völlig gelb. Mit zunehmendem Alter wird der Fisch von vorn
her immer blauer.

Zebra-Seenadel

*Schwache dunkle
Streifen am Rücken*

BUNTER LEIERFISCH
Wie alle Leierfische besitzt der bunt
gefärbte Mandarinfisch (*Synchiropus
splendidus*) aus dem Indopazifik
lange Stachelstrahlen an
der ersten Rückenflosse.

Blau umrandeter Augenfleck

*Dorn am
Kiemendeckel:
typisch für die
Kaiserfische*

NICHT NUR GELB
Die Flossen und Schuppen des
Gelben Buntbarschs weisen
Schattierungen von Beige,
Grau, Orange und Braun auf.

Gelber
Buntbarsch

BLAU GERINGELT
Die leuchtend blauen Streifen
des Ringelkaiserfischs dienen als
Signal für Artgenossen beim Abstecken der
Reviergrenzen. Der helle, fast unsichtbare
Schwanz verschleiert die „Fischform".

17

Fortsetzung auf Seite 18

Weniger Farbe

Fische aus kühleren Gewässern und Hochseefische sind längst nicht so farbenprächtig wie die Bewohner tropischer Seen und Korallenriffe. Viele Fische, die im offenen Wasser umherschwimmen, sind am Rücken dunkler, am Bauch hell. So ist der Fisch von unten gegen die helle Wasseroberfläche und von oben gegen den dunklen Grund nicht so leicht zu erkennen.

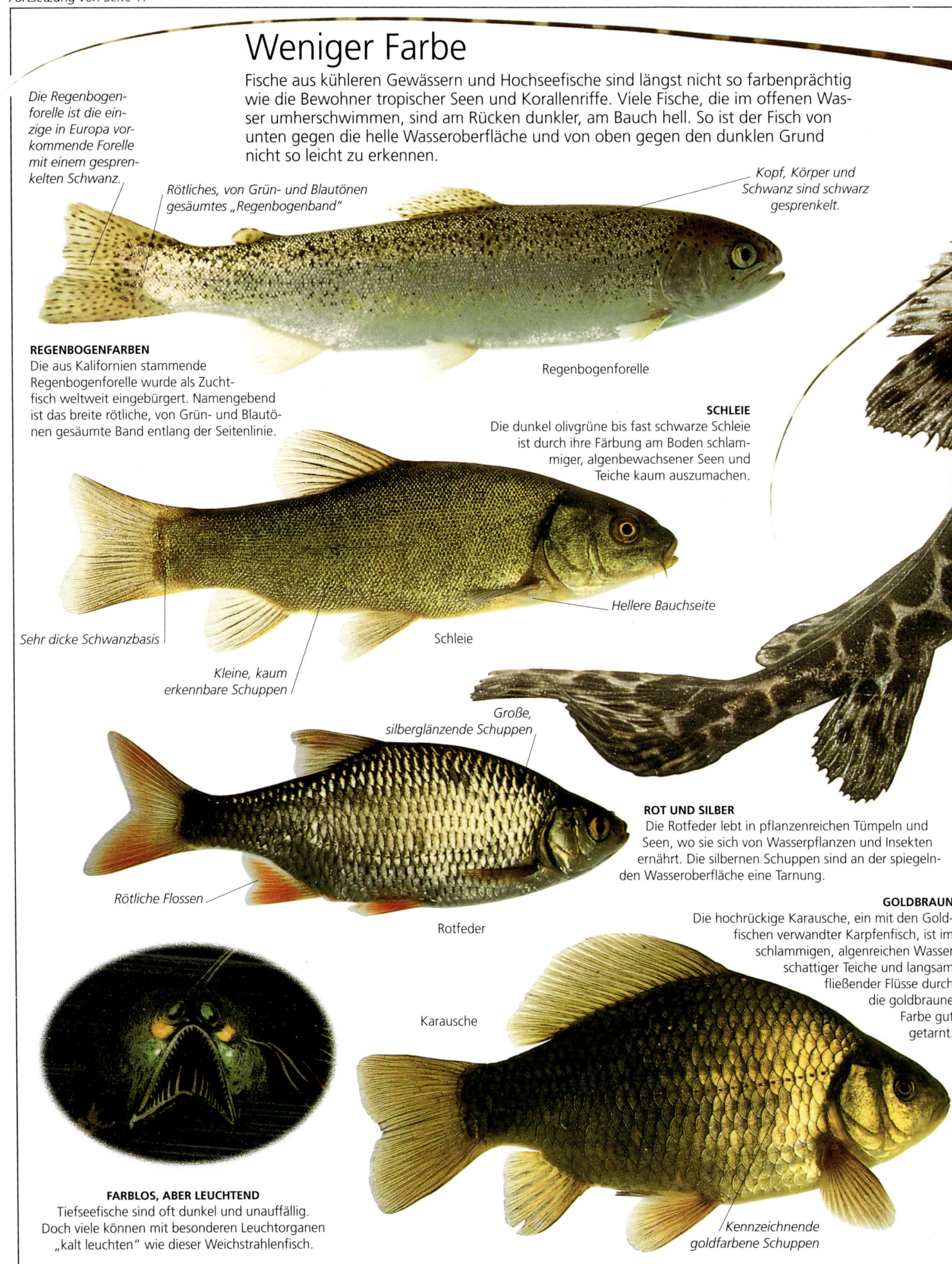

Die Regenbogenforelle ist die einzige in Europa vorkommende Forelle mit einem gesprenkelten Schwanz.

Rötliches, von Grün- und Blautönen gesäumtes „Regenbogenband"

Kopf, Körper und Schwanz sind schwarz gesprenkelt.

Regenbogenforelle

REGENBOGENFARBEN
Die aus Kalifornien stammende Regenbogenforelle wurde als Zuchtfisch weltweit eingebürgert. Namengebend ist das breite rötliche, von Grün- und Blautönen gesäumte Band entlang der Seitenlinie.

SCHLEIE
Die dunkel olivgrüne bis fast schwarze Schleie ist durch ihre Färbung am Boden schlammiger, algenbewachsener Seen und Teiche kaum auszumachen.

Hellere Bauchseite

Sehr dicke Schwanzbasis

Schleie

Kleine, kaum erkennbare Schuppen

Große, silberglänzende Schuppen

ROT UND SILBER
Die Rotfeder lebt in pflanzenreichen Tümpeln und Seen, wo sie sich von Wasserpflanzen und Insekten ernährt. Die silbernen Schuppen sind an der spiegelnden Wasseroberfläche eine Tarnung.

Rötliche Flossen

Rotfeder

GOLDBRAUN
Die hochrückige Karausche, ein mit den Goldfischen verwandter Karpfenfisch, ist im schlammigen, algenreichen Wasser schattiger Teiche und langsam fließender Flüsse durch die goldbraune Farbe gut getarnt.

Karausche

FARBLOS, ABER LEUCHTEND
Tiefseefische sind oft dunkel und unauffällig. Doch viele können mit besonderen Leuchtorganen „kalt leuchten" wie dieser Weichstrahlenfisch.

Kennzeichnende goldfarbene Schuppen

Lange Barteln zur Orientierung
am dunklen Gewässerboden

Der Schwanzfleck ist ein
„Schwarmabzeichen".

Antennen-Schilderwels

Lebhafte
Längsstreifen

FLAGGE ZEIGEN
Die Abbildung zeigt einen der vielen
als Aquarienfische begehrten Flaggen-
buntbarsche (*Cichlasoma*) aus dem
südlichen Amazonasgebiet.
Der Schwanzfleck dient als
Erkennungszeichen im
Jungfischschwarm.

Umberfisch

WELSE
Welse sind in der Regel dunkel gefärbt.
Kennzeichnend sind die Barteln,
die als „verlängerte Zungen" zum
Schmecken dienen. Die Tupfen-
zeichnung dieses Antennen-
Schilderwelses tarnt den
Fisch gegen die bewegte
Wasseroberfläche.

TROMMELRUFE
Umberfische wie dieser
Equetus acuminatus geben –
besonders in der Paarungszeit – trommelnde
Geräusche von sich, die unter Wasser
weithin hörbar sind. Auf nähere
Entfernung erkennen sich
die Fische an charakteristischen
Körperzeichnungen.

OBEN UND UNTEN
Der an der Wasseroberfläche schwimmende Blauhai ist unten hell und oben
dunkel. Zwischen Steinen und Algen
ist der Ammenhai durch seine
Fleckenzeichnung getarnt.

Blauhai

Panther-
fisch

Ammenhai

Große, schwarze Tupfer

Rotes Auge

Die Barteln
schmecken
und erfühlen
Nahrung im
Schlamm.

LAUERNDER RÄUBER
Der Pantherfisch lauert im Riff oder zwischen Felsen wie ein
Panther auf Beute. Außerhalb seiner natürlichen Umgebung
ist er sehr auffällig. Doch im Riff ist er durch seine schwarz-
weiße Tupfenzeichnung kaum auszumachen.

Gewöhnliche Meerbarbe

GRÜNSCHIMMER
Auch die nahe an der Wasseroberfläche
schwimmende Makrele ist oben dunkel und
unten hell. Am Rücken ist sie metallisch
blaugrün.

ROTE TOTE
Die Gewöhnliche
Meerbarbe hat einen
rötlichbraunen Rücken und
am Unterkörper gelbe Streifen.
Als Speisefisch war sie schon im
alten Rom begehrt. Dort ließ man sie bei
Gastmählern vor den Augen der Gäste sterben, weil Meerbarben
unter Stress, z. B. im Todeskampf, leuchtend rot werden.

Gelbe Streifen
an den unteren
Flanken

Makrele

Bizarre Formen

Von der typischen Fisch-
form (S. 10) gibt es zahl-
lose Abwandlungen.
Lange, schlanke Fische wie
die Knochenhechte können
besonders schnell durchs
Wasser schießen. Andere
sind nicht schnell, dafür
aber gut getarnt – wie
die am Meeresboden
auf Beute lauernden
Seeteufel (zum Beispiel der Sargassofisch).
Seitlich abgeflachte, dünne Fische wie die
Kaiserfische können sich gut zwischen
Pflanzen und in Felsspalten verstecken.
Nicht nur die Farbe, sondern auch
die Form spielt eine Rolle bei der
Tarnung. So besitzen manche Fische
Flossen, die wie Algen anmuten,
oder sehen gar ganz wie eine
Pflanze oder ein anderes Tier aus.

LANGE NASE
Die Schnauze der Gewöhnlichen Langnasenchimäre aus der
nordatlantischen Tiefsee ist dolchähnlich lang gezogen, der
Schwanz lang und peitschenförmig. Wie die meisten Seedrachen besitzt sie einen Giftstachel auf der Rückenflosse.

HOCH UND SCHMAL
Der Heringskönig oder Petersfisch hat von der Seite
betrachtet die hohe Körperform eines langsamen
Fischs, ist aber ein schneller Schwarmfischjä-
ger. Nach einer Legende hat der Apo-
stel Petrus einem solchen Fisch
ein Goldstück aus dem
Mund gezogen. Seine
„Fingerabdrücke" sind
noch an den Flanken
des Fischs er-
kennbar.

Petersfisch (Seitenansicht)

Seeratte

RATTENZÄHNE UND RATTENSCHWANZ
Die Seeratte besitzt einen langen
Schwanz und große Schneidezähne, die an die Nagezähne einer
Ratte erinnern. Der wissenschaftliche Name *Chimaera* geht auf
Seeungeheuer der griechischen Sagenwelt zurück.

Petersfisch (von vorn)

*Lange,
blattartige
Brustflossen*

SPITZBARTSCHNAUZE
Eigenwillige Formen zeigen die Nilhechte, zu denen auch der Spitz-
barsch gehört. Er erinnert nicht nur im Aussehen an einen Delfin, er
zeigt auch ein für Fische ungewöhnliches delfinähnliches
Spielverhalten, das auf eine
gewisse Intelligenz
schließen lässt.

*Weit hinten sitzende
Rückenflosse*

*Schilfhalmartige
Längsstreifen*

Großer
Segelflosser

*Auge, in
schwarzem
Streifen
versteckt*

*Der schmale Schwanz-
stiel ermöglicht zentimeter-
genaues Steuern.*

Spitzbartfisch

*Nach unten
zeigender „Rüssel"*

*Rückenflosse am
Körperende*

SEGEL-
FLOSSER
Der in lang-
sam fließenden
südamerikani-
schen Flüssen
lebende Segelflosser
oder Skalar ist durch Form
und Zeichnung zwischen
wiegenden Pflanzenstängeln
getarnt. Dieser Buntbarsch ist ein
beliebter Aquarienfisch.

*Lange Kiefer
mit spitzen
Zähnen*

Langnasen-
Knochenhecht

*Die Streifen
dienen der
Tarnung
zwischen Wasser-
pflanzen.*

WIE EIN PFEIL
Der Langnasen-Knochenhecht aus Nordamerika erinnert mit seiner lang
gestreckten Stromlinienform an einen Pfeil. Er kann auch pfeilschnell
davonschießen – allerdings nur über kurze Strecken.

Starre Rücken-stacheln

FLIEGENDES BEIL
Der Silberbeilbauch vom unteren Amazonas hat einen seitlich stark zusammengedrückten Kopf und Körper und einen scharfen, weit herabgezogenen Bauchkiel, wodurch er an ein kleines Beil erinnert. Er kann durch schnelles Schlagen der Brustflossen aus dem Wasser herausschießen und 3–4 m weit gleiten.

Die großen Brustflossen schlagen beim „Fliegen".

Flacher Rücken: Der Fisch lauert dicht unter der Wasseroberfläche auf Fliegen.

Gemeiner Silberbeilbauchfisch

Der Legende nach sind die dunklen Flecken die Fingerabdrücke von Petrus.

Tief herabgezogener Bauch

Stacheln immer aufgerichtet

Der flache Körper schmiegt sich an Steine.

AUFBLASBAR
Wie alle Kugelfischverwandten können sich auch die Igelfische bei Gefahr kugelig aufblasen. Dann werden sie zu einer Stachelkugel, die jeden Räuber erschreckt.

Der Fisch kann sich durch Wasseraufnahme aufblähen.

SAUGFISCH
Ansauger können sich mit den zu einer Saugscheibe umgebildeten Bauchflossen an Küstenfelsen festhalten.

IM STACHELSCHUTZ
Rasiermesserfische stehen oft durch Form und Zeichnung getarnt im Schutz der Stacheln langstachliger Seeigel.

Ansauger

Der silbrige Körper gleicht einem Messer.

Augenfleck-Messerfisch

Stacheln vor der Afterflosse

ANGELN GEHEN
Hautlappen und -falten und eine anpassungsfähige Färbung und Zeichnung tarnen den Sargassofisch in Algenwäldern. Er „angelt" mit dem ersten Rückenflossenstrahl, der wurmartige Hautlappen als Köder besitzt.

Rasiermesserfisch

MESSERFÖRMIG
Der hochrückige, schlanke Körper des Augenfleck-Messerfischs erinnert an eine Messerklinge. Die mit der Schwanzflosse verschmolzene Afterflosse sorgt für Vortrieb beim Schwimmen.

Sargassofisch

Der Messerfisch schwimmt durch Bewegungen seiner langen Afterflosse.

KUHHÖRNER UND KUHAUGEN
Beim Kuhfisch, einem Kofferfisch, bilden Knochenplatten unter der Haut einen festen „Koffer". Nur Mund, Augen, Flossen und After sind ausgespart.

Kuhfisch (von vorn)

Nach vorn zeigende Wehrstacheln erinnern an die Hörner einer Kuh.

Unterseits flache Knochenplatten

Kuhfisch (Seitenansicht)

Nadeln und Pferde

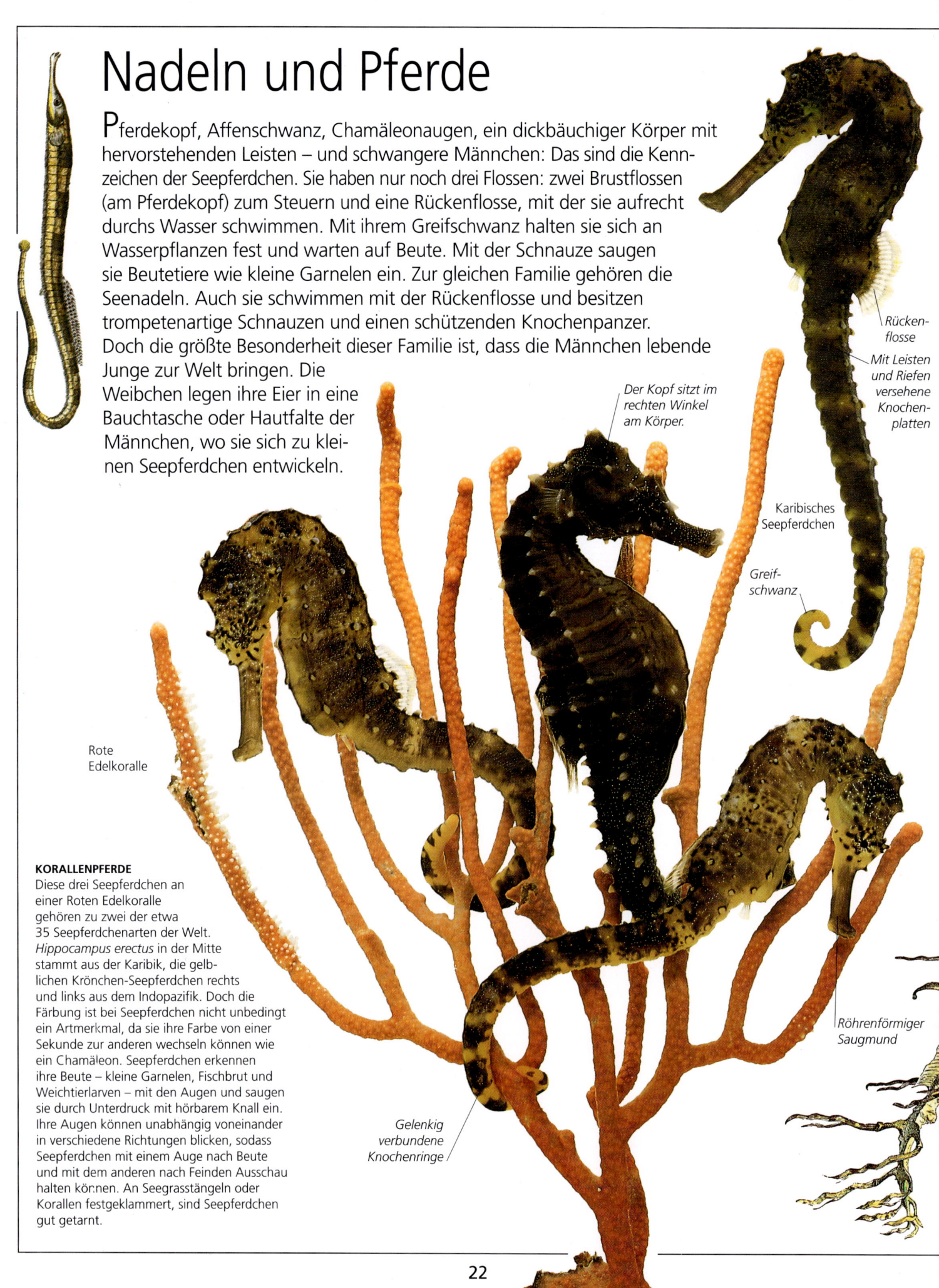

Pferdekopf, Affenschwanz, Chamäleonaugen, ein dickbäuchiger Körper mit hervorstehenden Leisten – und schwangere Männchen: Das sind die Kennzeichen der Seepferdchen. Sie haben nur noch drei Flossen: zwei Brustflossen (am Pferdekopf) zum Steuern und eine Rückenflosse, mit der sie aufrecht durchs Wasser schwimmen. Mit ihrem Greifschwanz halten sie sich an Wasserpflanzen fest und warten auf Beute. Mit der Schnauze saugen sie Beutetiere wie kleine Garnelen ein. Zur gleichen Familie gehören die Seenadeln. Auch sie schwimmen mit der Rückenflosse und besitzen trompetenartige Schnauzen und einen schützenden Knochenpanzer. Doch die größte Besonderheit dieser Familie ist, dass die Männchen lebende Junge zur Welt bringen. Die Weibchen legen ihre Eier in eine Bauchtasche oder Hautfalte der Männchen, wo sie sich zu kleinen Seepferdchen entwickeln.

Rückenflosse

Mit Leisten und Riefen versehene Knochenplatten

Der Kopf sitzt im rechten Winkel am Körper.

Karibisches Seepferdchen

Greifschwanz

Rote Edelkoralle

KORALLENPFERDE
Diese drei Seepferdchen an einer Roten Edelkoralle gehören zu zwei der etwa 35 Seepferdchenarten der Welt. *Hippocampus erectus* in der Mitte stammt aus der Karibik, die gelblichen Krönchen-Seepferdchen rechts und links aus dem Indopazifik. Doch die Färbung ist bei Seepferdchen nicht unbedingt ein Artmerkmal, da sie ihre Farbe von einer Sekunde zur anderen wechseln können wie ein Chamäleon. Seepferdchen erkennen ihre Beute – kleine Garnelen, Fischbrut und Weichtierlarven – mit den Augen und saugen sie durch Unterdruck mit hörbarem Knall ein. Ihre Augen können unabhängig voneinander in verschiedene Richtungen blicken, sodass Seepferdchen mit einem Auge nach Beute und mit dem anderen nach Feinden Ausschau halten können. An Seegrasstängeln oder Korallen festgeklammert, sind Seepferdchen gut getarnt.

Gelenkig verbundene Knochenringe

Röhrenförmiger Saugmund

SCHWANGERER VATER

Seepferdmännchen haben auf der Unterseite des Schwanzes einen richtigen kleinen Brutbeutel. Dort hinein legt das Weibchen mit einem langen Legeapparat bei der Paarung die Eier, die das Männchen besamt. Nach etwa sechs Wochen schlüpfen die Jungfische aus den Eiern und werden vom Vater „geboren".

1 Das Seepferdmännchen umklammert einen Seegrasstängel mit dem Schwanz. In der stark angeschwollenen Bruttasche schwimmen die Jungfische.

2 Das Seepferdchen krümmt sich vor und zurück. Der Brutbeutel öffnet sich, ein junges Seepferdchen schießt heraus und schwimmt sofort an die Wasseroberfläche, um die Schwimmblase mit Luft zu füllen.

3 In weiteren wehenartigen Eröffnungen der Bruttasche werden auch die anderen Jungfische geboren. Sie sind etwa 1 cm groß und fangen sofort an winzige Wassertierchen einzusaugen. Es kann bis zu zwei Tage dauern, bis alle Jungfische geboren sind.

FETZENFISCH

Der australische Fetzenfisch ist mit bis zu 30 cm Länge eines der größten Seepferdchen. Er hat meist eine rotbraune Färbung und viele lappenartige und stachelige Fortsätze, sodass er wie eine schwimmende Tangpflanze aussieht. Der seepferdchentypische Greifschwanz fehlt dem schlechten Schwimmer. Daher wird der Fetzenfisch bei Stürmen oft an den Strand gespült. Das Männchen brütet pro Saison etwa 100 Eier in seinem Beutel aus.

WO IST DER FISCH?

Die schmale Form der Schlangennadeln und ihre grünbraune Streifenzeichnung sind eine ausgezeichnete Tarnung in Algenwäldern oder Seegraswiesen. Wie die Seepferdchen schwimmen und ruhen die Seenadeln oft aufrecht und sehen dann aus wie eine Pflanze unter anderen. Auch die Seenadeln besitzen einen schützenden Panzer aus Knochenplatten. Das Männchen brütet die Eier in einer Tasche aus, die von zwei Hautlappen am Hinterleib gebildet wird. Auch nach dem Schlüpfen suchen die Jungfische bei Gefahr oft noch Zuflucht in der Bruttasche des Vaters.

ENG UMSCHLUNGEN

Schlangennadelweibchen wickeln ihre Männchen im wahrsten Sinne des Wortes ein, schwimmen mit ihnen an die Wasseroberfläche und legen die Eier in die Bruttasche des Männchens. Dieses umschlingt nun das Weibchen und besamt die Eier. Bei der Geburt der Jungen platzt die Bruttasche regelrecht auf.

Aufrecht ruhend ist die Schlangennadel zwischen den Algen gut getarnt.

Schlangennadel

Kleine Brustflosse

Lange, röhrenförmige Schnauze

Plattfische

Die Jungen der etwa 250 Plattfischarten kommen nicht platt zur Welt. Wenn sie aus dem Ei schlüpfen, sehen sie aus wie die Larven anderer Fische auch. Sie schwimmen aufrecht, nahe an der Wasseroberfläche durchs Meer. Doch innerhalb weniger Wochen erfolgt ein bemerkenswerter Umbau der Körperformen. Der Jungfisch mit der typischen Fischform wird seitlich immer abgeplatteter. Das Auge der einen Seite wandert über den Kopf hinweg auf die andere Seite zum anderen Auge. Die „blinde" Seite wird nun zur Unterseite des Plattfischs. Der vorher frei schwimmende junge Fisch sinkt auf den Meeresgrund, um dort fortan als Bodenbewohner auf der blinden Körperseite liegend zu leben.

SEEZUNGE
Der Umbau der Plattfische ist hier am Beispiel des in europäischen Gewässern wohl häufigsten Vertreters, der Seezunge, dargestellt. Sie lebt in Sand oder Schotter eingegraben in Tiefen von 20–40 m am Meeresboden und wird bis zu 60 cm lang.

1 3 TAGE ALT
Diese Seitenansicht einer drei Tage alten Seezunge zeigt eine ganznormale Fischlarve. Die Wirbelsäule entwickelt sich, die ersten Pigmentzellen haben sich im sonst fast durchsichtigen Körper gebildet. Natürliche Größe: 3,5 mm.

Dottersack noch erkennbar

Auge

2 5 TAGE ALT
Das linke Auge der Seezunge scheint als dunkler Fleck durch den Körper. In diesem Larvenstadium treibt der Fisch noch im freien Wasser, wo sich auch die Eier entwickeln, und lebt von Reserven aus dem Dottersack. Natürliche Größe: 3,5 mm.

Die Wirbel werden ausgebildet.

3 8 TAGE ALT
In der Haut entstehen mehr Pigmentzellen. Schädelknochen und Wirbelsäule formen sich weiter aus. Wie bei anderen Knochenfischen wird das Skelett knorpelig angelegt und verknöchert erst mit der Zeit. Natürliche Größe: 3,8 mm.

Pigmentzellen

Wirbelsäule weiter ausgebildet

Haut-Pigmentzellen verschmelzen zu dunklen Flecken.

11 45 TAGE Knapp sieben Wochen nachdem sie aus dem Ei geschlüpft ist, sieht die junge Seezunge aus wie ihre Eltern im Kleinformat. Sie beginnt nun ihr Leben als bodenlebender Plattfisch. Von den etwa 500 000 Eiern, die ein Weibchen jährlich ablegt, erreichen nur wenige dieses Stadium. Noch weniger, nur etwa 1–2, erreichen die Geschlechtsreife. Natürliche Größe: 11 mm.

FAST 1 JAHR ALT
Unter den Kammschuppen dieser bald einjährigen Seezunge bilden Pigmentzellen (Farbstoff-Trägerzellen) ein Farbmosaik.

Der Schädel ist links schneller gewachsen.

DIE AUGEN VERSCHWINDEN
Die Jungen der vor Kalifornien in dunklen Felsspalten und Höhlen lebenden blinden Grundel *Typhlogobius californiensis* können noch sehen. Mit zunehmendem Alter verschwinden die Augen unter der Haut.

10 35 TAGE
Der Umbau ist fast fertig. Der Schädel ist links schneller gewachsen, sodass das Auge über den Scheitel nach rechts geschoben wurde. Nun schwebt der Fisch nicht mehr im freien Wasser, sondern liegt in Küstennähe am Meeresgrund.

4 10 TAGE ALT
Die Seezungenlarve hat nun einen Mund, den sie öffnen kann, und zeigt die ersten Ansätze von Flossen. In diesem Stadium ziehen sich die Rücken- und Afterflosse über den ganzen Rücken bzw. Bauch. Natürliche Größe: 4 mm.

Die Flossen-falte bildet sich.   *Mund geöffnet*

5 13 TAGE (RECHTE SEITE)
Der Nahrungsvorrat aus dem Dottersack ist verbraucht. Die Larve ernährt sich nun von mikroskopisch kleinen Lebewesen wie den Kieselalgen, die (wie sie selbst) zum im Meerwasser schwebenden Plankton gehören. Natürliche Größe: 5 m.

Flossenstrahlen werden ausgebildet.

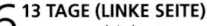

Rücken-, After- und Schwanzflosse bilden einen nahezu einheitlichen Flossensaum.

Das linke Auge wandert über den Kopf.

Auge

Mund

SPANFISCH-ENTWICKLUNG
Die frisch geschlüpfte, nur etwa 15 mm lange Larve des Spanfischs, eines Bandfischs der Hochsee, hat außergewöhnlich lange Flossenstrahlen an der roten Rücken- und Bauchflosse und an der unteren Schwanzflossenhälfte. Später werden die Flossenstrahlen im Verhältnis zum Körper immer kürzer. Beim etwa 2,5 m langen Altfisch sind sie ganz verschwunden.

6 13 TAGE (LINKE SEITE)
Jetzt geschieht etwas. Die Larve ist nicht mehr symmetrisch. Das linke Auge wandert langsam zum Scheitel, Schädel und Kiefer drehen sich. Die Schwanzflosse ist deutlicher ausgeprägt. Der Umbau der Larve zum Plattfisch hat begonnen.

Schwanzflosse

Das linke Auge hat den Scheitel erreicht.

Die Pigmentzellen in der Haut erscheinen mit zunehmender Körpergröße kleiner.

7 17 TAGE
Rechte Seite: Das Auge hat den Scheitel erreicht. Mit zunehmender Körpergröße erscheinen die farbgebenden Pigmentzellen kleiner. Die Seezunge nimmt nun größere Nahrung zu sich, z. B. die Larven kleiner Meerestiere. Natürliche Größe: 6,5 mm.

Flossensaum

Beide Augen auf der rechten Körperseite

Die Schwanzkerbe bildet sich aus.

Typische Kopfform einer Seezunge

Mosaikmuster der Kammschuppen

8 22 TAGE
Jetzt sind beide Augen auf der rechten Körperseite, die linke Seite ist blind. Der Fisch zeigt nun die für die Seezunge typische rundliche Kopfform und den umlaufenden Flossensaum aus Rücken-, Schwanz- und Afterflosse. Natürliche Größe: 8 mm.

SCHOKOLADENSEITE
Die Augenwanderung nach rechts oder links ist erblich festgelegt, sodass die Mitglieder einer Art immer rechtsäugig (Flunder, Heilbutt, Seezunge, Schollen und Kliesche) oder linksäugig (Steinbutt, Glattbutt und Schneefsnut) sind.

Steinbutt   *Flunder*

Die Haut wird dunkler.   *Rippen*   *Flossenstrahlen*

Wirbelsäule

9 28 TAGE
Die rechte Körperseite bildet nun die Oberseite des Fischs. Wirbelsäule, Rippen und Flossen sind deutlich erkennbar, die inneren Organe wie Herz und Darmtrakt sind unter der dunklen Haut nicht mehr so deutlich zu sehen.

Fortsetzung auf Seite 26

Die Scholle – ein Plattfisch

Die Scholle, auch Goldbutt genannt, lebt wie andere Plattfische am Meeresboden. Die Färbung ihrer Augenseite zeigt auf bräunlichem Grund rundliche hell- oder dunkelrote Flecken, die sich auch auf den Flossensäumen finden, mit denen sie zur zusätzlichen Tarnung Sand, Kies oder Schlamm über sich wirft. Schwimmen kann die Scholle durch Wellenbewegungen des ganzen Körpers.

Auf der Unterseite erkennt man Zickzack-Muskelpakete (das schmackhafte Schollenfleisch).

WEISSE UNTERSEITE
Die Scholle ist ein „rechtsäugiger" Plattfisch, ihre linke Seite liegt also auf dem Meeresboden. So hat die Natur auf dieser Seite an Pigmentzellen „gespart": die Unterseite ist fleischfarben, fast weiß. Die Augenseite ist grau-braun mit rötlichen, bei älteren Tieren hell gesäumten Flecken. In der Haut liegen nur wenige Schuppen. Das Maul der Scholle ist schief, die linke „Mundhälfte" (auf der „blinden" Unterseite) besitzt mehr Zähne als die rechte.

Linke Brustflosse

Unterer Kiemendeckel

Bauchflosse

Oberer Kiemendeckel

Augen auf der rechten Seite

SCHOLLENSCHNUTE
Diese Vorderansicht zeigt, dass Plattfische gar nicht so platt sind. Die Oberseite ist stärker gewölbt als die Unterseite. Das Maul dreht sich im Verlauf der Entwicklung zum Plattfisch nicht so stark nach rechts wie das Auge.

Kleine, in die Haut eingebettete Schuppen

Die Fleckenzeichnung verändert sich je nach Untergrund.

*Die weiße Unter-
seite sieht man in
der Regel nicht.*

*Blutgefäße
erkennbar*

Schwanzflosse

*Limandenskelett:
Augen auf der
rechten Seite
(Oberseite)*

*Die Fleckenzeichnung der
Oberseite scheint durch.*

PLATTES SKELETT

Auf den ersten Blick könnte man dieses Skelett für das eines runden Fischs halten, der aufrecht durchs Wasser schwamm wie ein Diskusfisch. In dem Loch unter dem Schädel lagen das Herz und andere wichtige Eingeweide. Doch bei genauerer Betrachtung sieht man, dass beide Augen auf der rechten Seite – oder besser gesagt auf der Oberseite – liegen. Es handelt sich um das Skelett eines Plattfisches, in diesem Falle einer Rotzunge oder Limande. Der Körperbau ist im Prinzip genauso wie beim Dorsch (S. 10), wenngleich die Proportionen etwas anders sind. Nur der Vorderkopf ist gedreht und die Flossenstrahlen bilden einen Saum.

Flunder

Steinbutt

Scholle

ALLE PLATT

Die stark abgeplattete und verbreiterte Körperform ist allen Plattfischen gemeinsam, doch Größe und Lebensraum sind je nach Art verschieden. Die bis zu 50 cm lange Flunder lebt im Meer oder in Flüssen. Der etwa 1 m große, linksäugige Steinbutt lebt von anderen Fischen im Meer. Die Scholle ist kleiner (etwa 50 cm). Seezungen leben in seichten Küstengewässern und jagen nachts. Der Umbau der Klieschenlarven erfolgt in Tiefen von bis zu 70 m.

Seezunge

Kliesche

CHAMÄLEONFISCH

Als relativ unbewegliche, langsame Meeresbodenbewohner können Plattfische ihren Feinden nicht so schnell entkommen. Daher haben sie ausnahmslos eine Tarnzeichnung, die sie mit dem Untergrund verschmelzen lässt. Sie können ihre Farbe auch wie ein Chamäleon dem jeweiligen Untergrund anpassen, sodass sie weder von Räubern noch von ihren Beutetieren gesehen werden. Die Farbveränderungen werden vom Nervensystem gesteuert. Jede Pigmentzelle in der Haut besitzt Ausläufer, in die sie ihre Farbstoffkörnchen schicken kann. So wird die Haut dunkler. Werden die Pigmente auf einen kleinen Punkt in der Zellmitte konzentriert, erscheint der Fisch heller.

Schwimmkunst

Wenn jemand besonders gut schwimmen kann, sagt man, er schwimmt wie ein Fisch, denn für diese Tiere ist das die natürliche Fortbewegungsweise. Doch wie schwimmen Fische eigentlich? Die meisten Fische schwimmen so, wie Schlangen kriechen: durch wellenförmige Schlängelbewegungen ihres Körpers. Außer dieser Körperbewegung durch abwechselndes Ausdehnen und Zusammenziehen der Muskeln im Oberkörper spielen Flossenbewegungen eine Rolle. Bei vielen Arten gibt die Schwanzflosse den größten Vortrieb. An der Form der Schwanzflosse kann man schnelle und langsame Schwimmer erkennen: Fische mit großen, abgerundeten oder gerade abgeschnittenen Schwänzen schwimmen langsam, Fische mit oben und unten spitz ausgezogenen Schwanzflossen schnell. Einige langsame Arten rudern mit ihren Brustflossen. Auch das aus den Kiemendeckeln oder Kiemenspalten ausgestoßene Wasser treibt den Fisch nach vorne, ähnlich wie der Düsenstrahl eines Flugzeugs oder einer Rakete. Dieser Rückstoßeffekt wird vor allem für den schnellen, kurzen Spurt, zum Beispiel auf der Flucht, genutzt.

WALSCHWIMMEN
Wale besitzen im Gegensatz zu den Fischen eine waagerecht stehende Schwanzflosse. Sie schwimmen durch Auf- und Abbiegen des Körpers, während Fische den Rumpf seitlich bewegen. Wale wie der Buckelwal können unter Wasser „Anlauf nehmen" und ihre 50 t Körpergewicht aus dem Wasser werfen, um dann mit voller Wucht auf die Wasseroberfläche zu klatschen.

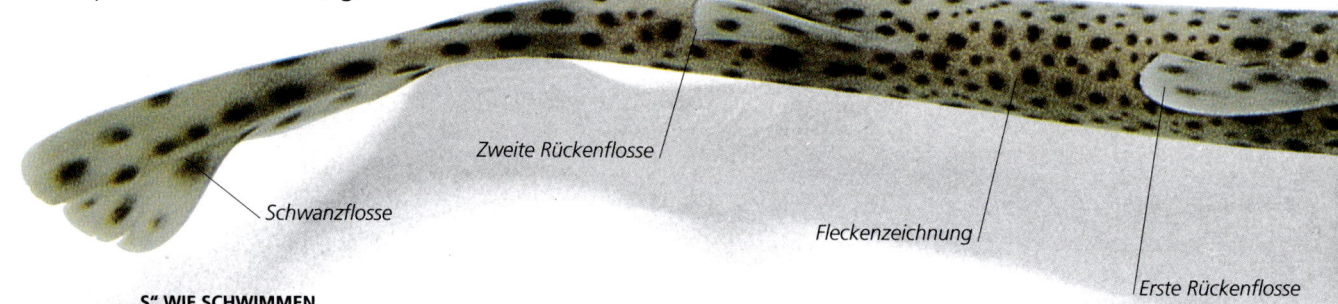

Zweite Rückenflosse

Schwanzflosse

Fleckenzeichnung

Erste Rückenflosse

„S" WIE SCHWIMMEN
Diese Fotofolge zeigt die Schwimmbewegungen des Katzenhais, die in etwa einer Sekunde ablaufen. Der Körper führt eine S-förmige Wellenbewegung aus, bei der der Schwanz als Motor dient. Die dabei entstehende Kraft kann in zur Seite bzw. nach hinten wirkende Teilkräfte aufgespalten werden. Durch die Schlängelbewegung heben sich die seitlichen Teilkräfte auf, sodass der Fisch nach vorn getrieben wird.

Kopf nach rechts: Beginn der Schwimmbewegung des Kleingefleckten Katzenhais

Die Welle hat sich über den Körper bis zum Brustbereich fortgepflanzt.

Die Welle ist zwischen den Bauchflossen und der ersten Rückenflosse angelangt.

RÜCKENSCHWIMMER
Normalerweise schwimmen Fische mit dem Bauch nach unten, Plattfische (S. 24–27) auf der Seite. Doch mit dem Bauch nach oben schwimmen nur tote Fische – und der Rückenschwimmende Kongowels, der auf Grund dieser Besonderheit gern in Aquarien gehalten wird. Das Maul liegt wie bei allen Welsen auf der Kopfunterseite. Mit solch einem Maul kann man beim normalen „Brustschwimmen" gut am Boden nach Nahrung suchen, nicht aber an der Wasseroberfläche. Der Kongowels legt sich deshalb auf den Rücken und fischt ins Wasser gefallene Insekten von der Wasseroberfläche.

VERKEHRTE FÄRBUNG
Der etwa 10 cm lange Rückenschwimmende Kongowels besitzt eine umgekehrte Tarnfärbung: Der Bauch ist dunkel, der Rücken hell. Die Lage der Seitenlinie beim Rückenschwimmen ist oben bei einer verwandten Art dargestellt.

SCHWIMMFLÜGEL

Ein Rochen kann seinen Schwanz zwar seitlich bewegen, doch einen großen Vortrieb gibt der dünne Peitschenschwanz nicht. Bei diesen Fischen sorgen die flügelartigen Brustflossen für den Antrieb. Auch hier liegt eine Schlangenbewegung zugrunde, doch nicht als seitliche, sondern als Auf- und Abbewegung. Die Welle beginnt am Kopf und pflanzt sich nach hinten fort.

WENDIGER AAL

Aale schwimmen durch eine der des Katzenhais vergleichbare Schlängelbewegung des Körpers. Der schlanke Körper drückt das Wasser seitlich weg, erst zur einen Seite, dann zur anderen – doch immer auch nach hinten. Aale können ihre Körperwellen umkehren und so vorwärts- und rückwärtsschwimmen.

HAIKRÜMMUNG

In der Aufsicht erkennt man bei diesem Katzenhai die S-förmige Krümmung des Körpers, die der Schwimmbewegung zu Grunde liegt. Wie bei den meisten Haien sind die Brust- und Bauchflossen nicht sehr beweglich. Sie dienen lediglich als Steuerruder, mit deren Hilfe der Fisch nach oben, unten, rechts oder links lenken kann.

Auge

Kleingefleckter Katzenhai

Bauchflosse

Brustflosse

Wenn die Welle zwischen den beiden Rückenflossen ankommt, beginnt der Schwanz nach rechts zu schlagen.

Die Welle hat den Schwanz erreicht. Der Kopf beginnt eine neue Wellenbewegung.

DREIDIMENSIONALE BEWEGUNG

Fische können sich in drei Dimensionen bewegen: nach rechts und links, vorne und hinten, oben und unten. Dabei dienen die Flossen als Steuerruder. Um einen Richtungswechsel herbeizuführen, wird das Steuerruder gegen den Wasserstrom abgewinkelt. Das Wasser drückt auf die Ruderfläche und übt so einen Druck aus, der den Fisch in die gewünschte Richtung bringt. Die Steuerung eines Unterseeboots erfolgt im Prinzip genauso. Das Steuerruder am Heck dient der Rechts-Links-Bewegung, die waagerechten Tragflächen drücken das Boot nach oben oder unten.

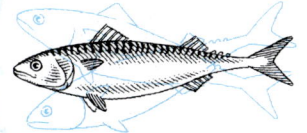

AUF UND AB
Mit Brust- und Bauchflossen lenkt der Fisch nach oben oder nach unten.

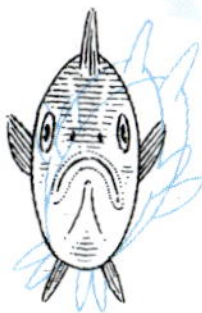

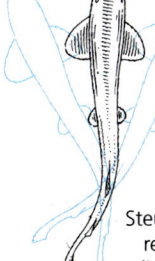

DREHUNG
Drehung um die eigene Achse: mit Rückenflosse (sowie Bauch- und Brustflossen)

GIEREN
Steuern nach rechts oder links: durch kombinierte Flossen-Anstellwinkel

Wie eine Rakete in der Luft muss der Fisch im Wasser die stabile Lage in drei Dimensionen halten.

Flossen

Die Flossen eines Fischs, besonders die Schwanzflossen, geben Vortrieb beim Schwimmen. Doch vor allem Brust-, Bauch- und Rückenflossen dienen auch als Bremse und Steuerruder. So kann man die Lebensweise eines Fischs an der Form seiner Flossen ablesen (S. 28). Schlanke, messerschneidenartige Seitenflossen und eine tief eingeschnittene Schwanzflosse lassen auf einen schnellen Langstreckenschwimmer schließen, wie es beim Thunfisch oder beim Fächerfisch der Fall ist. Relativ große, breite Seitenflossen und eine breite, gerade Schwanzflosse findet man bei langsam schwimmenden Fischen, die am Meeresgrund zwischen Felsen, Korallen und Pflanzen leben.

Fächerfisch-Schwanz

SCHWANZSICHEL
Der Fächerfisch (S.10), einer der schnellsten Fische, erreicht Geschwindigkeiten von über 90 km/h. Der sichelförmige Schwanz, schmal, aber tief gegabelt, ist typisch für schnelle Langstreckenschwimmer. Dieser hauptsächlich aus Flossenstrahlen mit nur wenig Muskulatur und Schuppenhaut bestehende Schwanz ist sehr kräftig und kann die Bewegungen der Körpermuskulatur auf das Wasser übertragen.

Sichelförmiger Schwanz

PFERDEKOPF-FLOSSEN
Der Pferdekopf, eine Stachelmakrele, ist ganz und gar nicht stromlinienförmig, doch mit seinen langen Flossen kann er trotzdem schnell schwimmen.

AUF ZEHENSPITZEN
Die spitzen Flossenstrahlen machen den Knurrhahn zu einem Stachelfisch. Die drei ersten Strahlen der riesigen Brustflossen können einzeln bewegt werden und dienen zum Tasten und Laufen auf dem Meeresgrund.

Der weiche Rand bildet einen dichten Abschluss zur Wirtshaut.

Saugscheibe eines Küstensaugers

Saugscheibe mit Querleisten

MIT HAIEN UNTERWEGS
Der Küstensauger saugt sich mit seiner zu einer Haftscheibe umgewandelten Rückenflosse bevorzugt an Blauhaien fest und frisst Parasiten und Nahrungsreste seines „Verkehrsmittels".

Der obere Flossenlappen wird von der Wirbelsäule gestützt.

TEURER SCHWANZ
Kaiserfisch-Schwänze zeigen nur eine angedeutete Zweiteiligkeit. Die Schwanzzeichnung dieses Koran-Kaiserfischs aus Afrika erscheint wie eine Beschriftung in alter arabischer Schrift, die lautet „Es gibt keinen Gott außer Allah", was den Fisch sehr teuer machte.

Koran-Kaiser-fisch-Schwanz

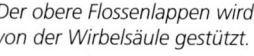

UNGLEICHE GABELUNG
Die asymmetrische Schwanzflosse des Störs nennt man heterozerk. Heterozerke Schwanzflossen sind auch typisch für Haie. Die Wirbelsäule läuft in den oberen Flossenflügel aus, der untere wird ausschließlich von Flossenstrahlen gestützt, die von der Unterseite der Wirbelsäule ausgehen.

Flossenstrahlen

Störschwanz

VERSCHMOLZENER SCHWANZ
Bei manchen Panzerwelsen sind der obere und untere Schwanzflügel zu einer großen Fläche verschmolzen. Die Kerben lassen die Flosse gefranst aussehen.

Kerbe in der Schwanzflosse

Panzerwels-Schwanz

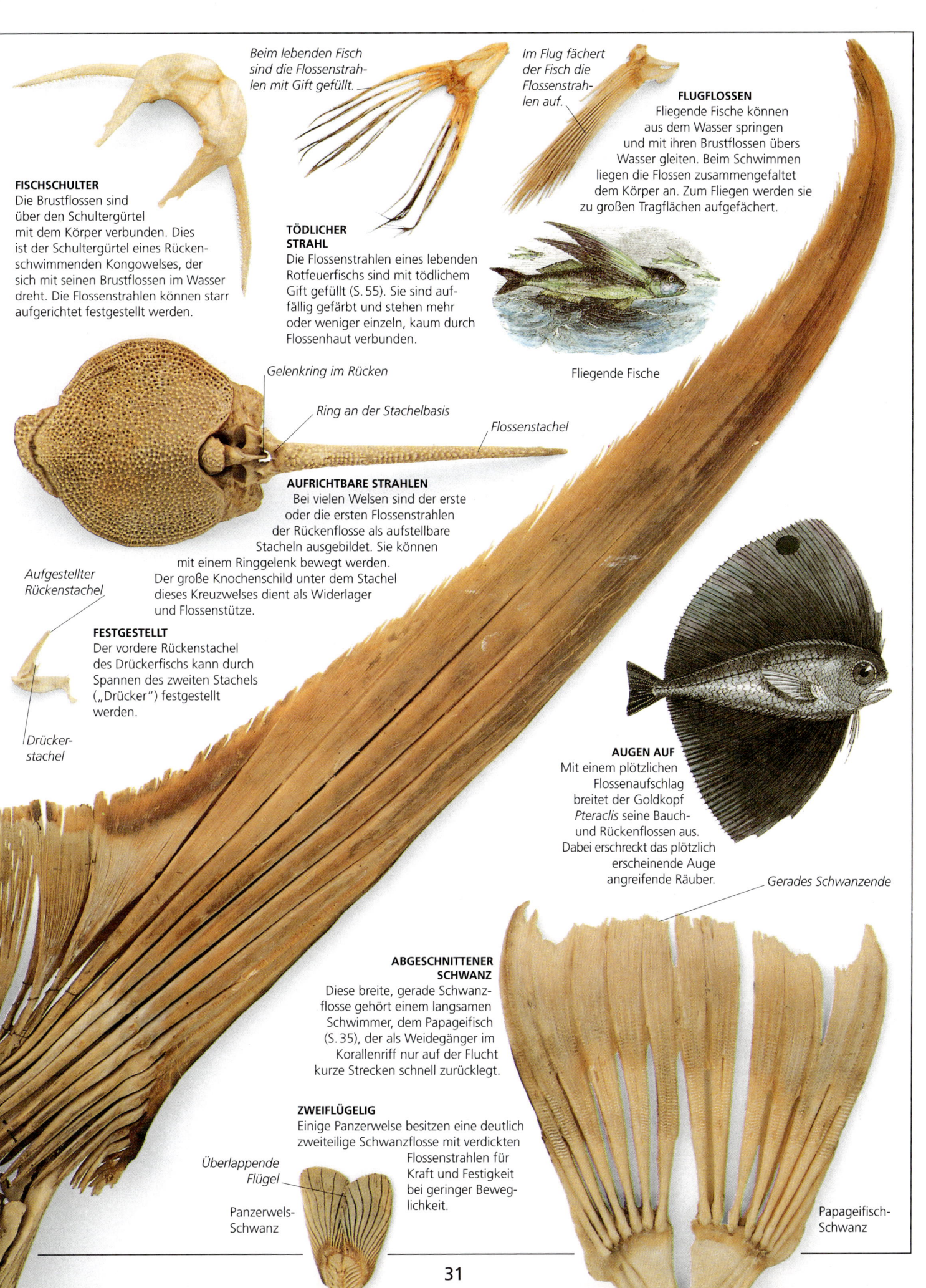

FISCHSCHULTER
Die Brustflossen sind über den Schultergürtel mit dem Körper verbunden. Dies ist der Schultergürtel eines Rückenschwimmenden Kongowelses, der sich mit seinen Brustflossen im Wasser dreht. Die Flossenstrahlen können starr aufgerichtet festgestellt werden.

Beim lebenden Fisch sind die Flossenstrahlen mit Gift gefüllt.

TÖDLICHER STRAHL
Die Flossenstrahlen eines lebenden Rotfeuerfischs sind mit tödlichem Gift gefüllt (S. 55). Sie sind auffällig gefärbt und stehen mehr oder weniger einzeln, kaum durch Flossenhaut verbunden.

Im Flug fächert der Fisch die Flossenstrahlen auf.

FLUGFLOSSEN
Fliegende Fische können aus dem Wasser springen und mit ihren Brustflossen übers Wasser gleiten. Beim Schwimmen liegen die Flossen zusammengefaltet dem Körper an. Zum Fliegen werden sie zu großen Tragflächen aufgefächert.

Fliegende Fische

Gelenkring im Rücken

Ring an der Stachelbasis

Flossenstachel

AUFRICHTBARE STRAHLEN
Bei vielen Welsen sind der erste oder die ersten Flossenstrahlen der Rückenflosse als aufstellbare Stacheln ausgebildet. Sie können mit einem Ringgelenk bewegt werden. Der große Knochenschild unter dem Stachel dieses Kreuzwelses dient als Widerlager und Flossenstütze.

Aufgestellter Rückenstachel

FESTGESTELLT
Der vordere Rückenstachel des Drückerfischs kann durch Spannen des zweiten Stachels („Drücker") festgestellt werden.

Drücker-stachel

AUGEN AUF
Mit einem plötzlichen Flossenaufschlag breitet der Goldkopf *Pteraclis* seine Bauch- und Rückenflossen aus. Dabei erschreckt das plötzlich erscheinende Auge angreifende Räuber.

Gerades Schwanzende

ABGESCHNITTENER SCHWANZ
Diese breite, gerade Schwanzflosse gehört einem langsamen Schwimmer, dem Papageifisch (S. 35), der als Weidegänger im Korallenriff nur auf der Flucht kurze Strecken schnell zurücklegt.

ZWEIFLÜGELIG
Einige Panzerwelse besitzen eine deutlich zweiteilige Schwanzflosse mit verdickten Flossenstrahlen für Kraft und Festigkeit bei geringer Beweglichkeit.

Überlappende Flügel

Panzerwels-Schwanz

Papageifisch-Schwanz

Fische mit Beinen

Die meisten Fische schwimmen, wie man es von ihnen erwartet, im Wasser. Doch einige können „laufen", indem sie ihre Flossen als „Beine" benutzen, und sogar das Wasser verlassen und längere Zeit an der Luft bleiben. Die Schlammspringer „robben" über Schlammflächen an der Küste und in den Mangrovensümpfen Afrikas, Südostasiens und Australiens. Sie nehmen ihr Atemwasser in den großen Kiemenhöhlen einfach mit. Der Knurrhahn kann mit den Stachelstrahlen seiner Brustflossen über den Meeresboden stelzen (S. 30). Einige afrikanische Welse können wie die Schlammspringer übers Land robben, wenn ihre Gewässer austrocknen. Manche Fische können sogar Luft atmen. Sie schlucken die Luft durch den Mund in den Schlund, wo sich Hautfalten oder „Lungen" befinden, die von einem Blutgefäßnetz umsponnen sind, durch das der Luftsauerstoff aufgenommen und weitertransportiert wird. Zu diesen Luftatmern gehören auch die Kletterfische, die sogar Bäume erklimmen.

RUDERFLOSSEN
Schleimfische können mit ihren kräftigen Brustmuskeln über blanke Felsen „rudern", wenn sie gestrandet sind. Dieser Schan ist auf der Suche nach einem wassergefüllten Gezeitentümpel.

BEINLOSER FISCH
Dieser Stelzenfisch ist eine Erfindung des englischen Dichters Edward Lear, eine Gestalt aus einem Kinderreim.

Feuchter Schlamm

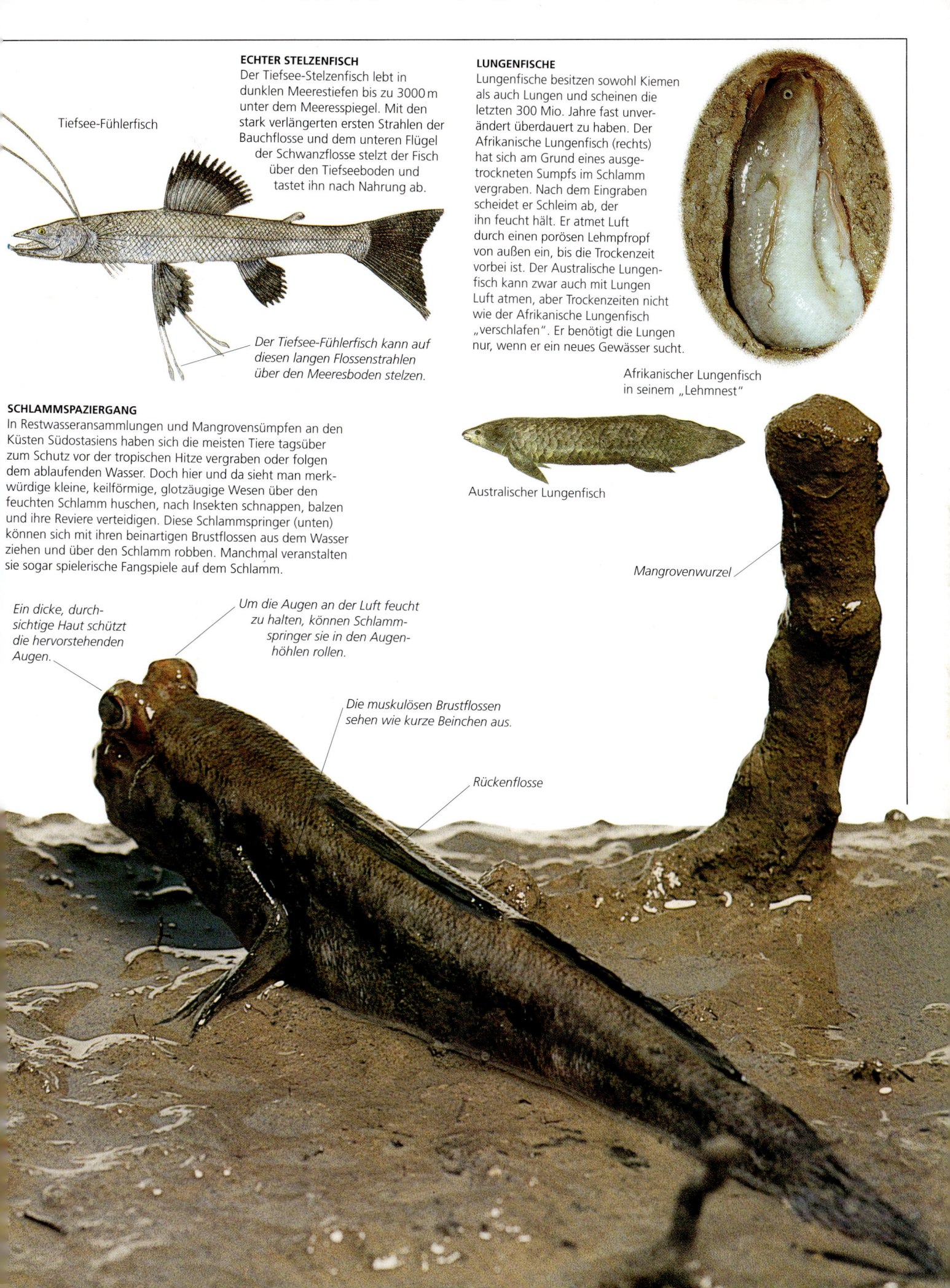

ECHTER STELZENFISCH

Der Tiefsee-Stelzenfisch lebt in dunklen Meerestiefen bis zu 3000 m unter dem Meeresspiegel. Mit den stark verlängerten ersten Strahlen der Bauchflosse und dem unteren Flügel der Schwanzflosse stelzt der Fisch über den Tiefseeboden und tastet ihn nach Nahrung ab.

Tiefsee-Fühlerfisch

Der Tiefsee-Fühlerfisch kann auf diesen langen Flossenstrahlen über den Meeresboden stelzen.

LUNGENFISCHE

Lungenfische besitzen sowohl Kiemen als auch Lungen und scheinen die letzten 300 Mio. Jahre fast unverändert überdauert zu haben. Der Afrikanische Lungenfisch (rechts) hat sich am Grund eines ausgetrockneten Sumpfs im Schlamm vergraben. Nach dem Eingraben scheidet er Schleim ab, der ihn feucht hält. Er atmet Luft durch einen porösen Lehmpfropf von außen ein, bis die Trockenzeit vorbei ist. Der Australische Lungenfisch kann zwar auch mit Lungen Luft atmen, aber Trockenzeiten nicht wie der Afrikanische Lungenfisch „verschlafen". Er benötigt die Lungen nur, wenn er ein neues Gewässer sucht.

Afrikanischer Lungenfisch in seinem „Lehmnest"

Australischer Lungenfisch

SCHLAMMSPAZIERGANG

In Restwasseransammlungen und Mangrovensümpfen an den Küsten Südostasiens haben sich die meisten Tiere tagsüber zum Schutz vor der tropischen Hitze vergraben oder folgen dem ablaufenden Wasser. Doch hier und da sieht man merkwürdige kleine, keilförmige, glotzäugige Wesen über den feuchten Schlamm huschen, nach Insekten schnappen, balzen und ihre Reviere verteidigen. Diese Schlammspringer (unten) können sich mit ihren beinartigen Brustflossen aus dem Wasser ziehen und über den Schlamm robben. Manchmal veranstalten sie sogar spielerische Fangspiele auf dem Schlamm.

Ein dicke, durchsichtige Haut schützt die hervorstehenden Augen.

Um die Augen an der Luft feucht zu halten, können Schlammspringer sie in den Augenhöhlen rollen.

Die muskulösen Brustflossen sehen wie kurze Beinchen aus.

Rückenflosse

Mangrovenwurzel

Ernährung

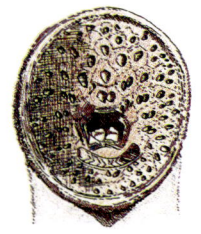

Im Meer wie auf dem Land sind Pflanzen die Grundlage allen Lebens. Die meisten Meerespflanzen sind mikroskopisch klein und schweben im Wasser, man nennt sie Phytoplankton. Dieses Phytoplankton dient als Nahrung für winzig kleine im Wasser lebende Tiere, das Zooplankton. Kleine Tiere wie die Garnelen ernähren sich wiederum von Zooplankton. Sie werden wieder von größeren Tieren gefressen, bis am Ende der langen Nahrungskette ein großer Fisch steht, der kleinere frisst. Wie sich Fische ernähren, kann man an ihrer Kopfform, vor allem am Gebiss erkennen. Große Mahlzähne zeigen, dass der Fisch Muscheln, Schnecken, Korallen oder harte Pflanzenteile frisst. Scharfe, spitze Zähne lassen auf einen Räuber schließen, ein großes, weit offen stehendes Maul deutet an, dass der Fisch seine Nahrung unzerkaut herunterschluckt.

BLUTSAUGER
Das Neunauge saugt sich mit seinem Rundmaul an Fischen fest, raspelt ihr Fleisch mit den Zähnen ab und saugt ihr Blut.

SCHWERTFISCH
Abgebrochene Schwertfisch-Schwerter in Haien und anderen Fischen belegen ihre Bedeutung für Verteidigung und Nahrungserwerb.

Schädel eines
Langnasen-Nilhechts

*Kleine Kiefer am
Ende des Rüssels*

DIE NASE HINEINSTECKEN
Der Langnasen-Nilhecht besitzt einen langen Rüssel mit kleinen Kiefern am Ende. Damit sucht er zwischen Steinen, in Felsspalten und im Schlamm nach kleinen Beutetieren.

*Spitzer Mund zum
Aufsaugen der Nahrung*

Stachelschweinfisch-Schädel

Brassen-
schädel

BÖSE ÜBERRASCHUNG
Der Petersfisch hat für seine Beute eine böse Überraschung parat. Der hohe, aber sehr schmale Fisch „schleicht sich" mit geschlossenem Maul an Garnelen und kleine Fische heran, dann schieben sich seine großen, kräftigen Kiefer plötzlich nach vorne und schnappen zu.

Petersfisch-
Schädel

SCHLUNDZÄHNE
Die Brasse oder Brachse besitzt einen spitzen, zahnlosen Mund, mit dem sie den Schlamm nach kleinen Würmern, Muscheln, Schnecken und Insektenlarven absucht. Die Nahrung wird eingesaugt und im Schlund mit den Schlundzähnen zerkleinert.

Schlundzähne
einer Brasse

GROSSER VEGETARIER
Der mit dem berühmt-berüchtigten Piranha verwandte Pacu vom Amazonas wird 60–80 cm lang. Er ernährt sich von Früchten und Nüssen, die von übers Wasser hängenden Bäumen herabfallen. Die kräftigen Mahlzähne sitzen vorn im Kiefer.

Garnele

STACHELN KEIN PROBLEM
Der Stachelschweinfisch ist bekannt dafür, dass er sich zu einer Stachelkugel aufpumpen kann (S. 38). Weniger weiß man über seine Ernährung. Er frisst hartschalige Muscheln, wie die unten abgebildete Miesmuschel, Schnecken, Korallen und sogar stachlige Seeigel. Die Zähne sind in jedem Kiefer zu einer harten Kauleiste verschmolzen, die vorne scharfkantig zum Beißen, hinten breit zum Kauen ist.

Kräftige
Mahlzähne

Miesmuschel

Samen des
Piranhabaums
(*Pirhanea trifolia*)

Paranüsse

TROMPETENFISCH-PIPETTE
Die lange Schnauze des Trompetenfischs funktioniert wie eine Pipette, ein Saugröhrchen, mit dem der Fisch kleine Wassertiere durch Erzeugen eines Unterdrucks einsaugt.

BISSIGER BARRAKUDA
Die Barrakudas oder Pfeilhechte tropischer Meere sind Räuber mit einem furchterregenden Gebiss. Mit diesem Gebiss fangen und erdolchen sie ihre Beute und reißen sie in Stücke. Die großen, bis zu 3 m langen Barrakudas sind bei Tauchern gefürchtet. Doch sie haben ihren schlechten Ruf wohl zu Unrecht, weil sie nur angreifen, wenn man sie provoziert.

Scharfe Dolchzähne

Die scharfen, spitzen, ineinander-greifenden Zähne hinterlassen eine glatte Bisswunde.

REISSZÄHNE
Der südamerikanische Piranha hat ein Maul voll spitzer, scharfer Zähne. Er frisst nicht nur Fisch, sondern auch Früchte und Samen. Ein Piranhaschwarm knabbert eine große Beute in Sekunden bis auf die Knochen ab.

STEINFISCH-SCHÄDEL
Mit dem breiten, sich nach oben öffnenden Maul verschlingt der gut getarnt auf dem Boden liegende Stein-fisch ahnungslos vorbeischwimmende Beute auf einmal.

Breites Maul am Oberkopf

Steinfisch-Schädel

SCHARFE NASE
Dies ist kein mittelalterliches Ritterschwert, sondern das eines Schwertfischs. Der Fisch wird über 4 m lang. Jungfische haben eine relativ kurze Schnauze, die sich mit zunehmendem Alter zu dem flachen Schwert verlängert. Dieses dient möglicherweise zum Zerhacken oder Aufspießen von Beute oder zur Verteidigung. Vielleicht vervollständigt es auch nur die Stromlinienform des schnell schwimmenden Fischs.

KORALLENKNACKER
Korallenriffe bieten vielen Fischen Lebensraum und Nahrung. Der Papagei-fisch kratzt mit seinem kräftigen Schnabel aus verschmolzenen Zähnen Algen- und Korallenaufwuchs von Felsen. Von Platten im Schlund wird die Nahrung dann fein zerrieben. Die spitz ausgezogene Schnauze des Pinzettfischs (S. 16) kann in die kleinsten Spalten dringen und kleine Nahrungsteilchen herausfischen. Drückerfische und Feilenfische können mit ihren meißelförmigen Zähnen Löcher in Muscheln bohren.

Hornschnabel

Koralle

Feilenfisch-Schädel

Papageifisch-Schädel

Schwertfisch-Nase

Drückerfisch-Schädel

Pinzettfisch-Schädel

HALBSCHNABEL
Halbschnäbler besitzen kurze Oberkiefer, unter denen der Unterkiefer heraus-ragt. Damit schöpfen sie Plank-ton und kleine Fische an der Wasseroberfläche ab.

SÄGEBLATT
An dieser teilweise freigelegten Schnauze des Sägerochens (Sägefisch) sieht man, wie die Zähne im Knorpel sitzen. Die rasiermesserscharfen Zähne am Sägeblatt können Fische töten. Die Säge wird auch zum Aus-graben und Ablösen von Krebsen und Muscheln vom Meeresboden benutzt. Sägefische können über 7 m lang werden.

Sägefisch-Schnauze

Scharfe Sägezähne stecken im Knorpel.

Scharfschütze

Die meisten Fische holen sich ihre Nahrung dort, wo sie auch leben – im Wasser. Fische wie die Forelle kommen an die Wasseroberfläche und schnappen nach Fliegen und anderen Insekten, die ins Wasser gefallen sind oder direkt über dem Wasser fliegen. Doch einige Fische jagen Beute, die relativ weit außerhalb des Wassers sitzt. Ein bekanntes Beispiel sind die Schützenfische. Es gibt etwa fünf Arten, deren Heimat die tropischen Mangrovensümpfe Indiens und Australiens sind. Diese Fische können mit einer „Wasserpistole" im Mund Insekten von Pflanzenstängeln über dem Wasser herunterspritzen. Dazu lassen sie sich in freier Natur jedoch nur durch besondere Leckerbissen oder Nahrungsmangel im Wasser verlocken, meist fressen sie im Wasser schwimmende oder treibende Beute.

Die Spinne auf dem Blatt wird gleich vom Wasserstrahl getroffen.

Schmetterlingsfisch

SPRUNG AUS DEM WASSER
Der etwa 10 cm große afrikanische Schmetterlingsfisch fängt Insekten an der Wasseroberfläche der Niger- und Kongosumpfgebiete. Doch ein besonderer Leckerbissen bewegt ihn manchmal auch zu 2 m weiten Sprüngen durch die Luft.

Der Schützenfisch richtet einen Wasserstrahl auf die Spinne.

ABSCHUSS
Der Schützenfisch schwimmt langsam unter die Beute, die er mit seinen großen Augen im Blick behält. Dann stellt er den Körper fast senkrecht, streckt die Schnauzenspitze an die Oberfläche und schießt einen Wassertropfenstrahl auf die Spinne. Das Zielen von direkt unterhalb der Beute ist einfacher als von einer seitlichen Position aus. Wenn der erste Schuss danebengeht, korrigiert der Fisch den Anstellwinkel und schießt erneut. Schon sehr junge Schützenfische üben sich im Spucken, doch sie treffen noch selten und können auch nicht weiter als 10 cm schießen. Mit der Zeit aber werden die Schüsse treffsicherer und weiter. Ein erfahrener Altfisch kann sich Beute aus über 1,5 m Höhe abschießen.

DIE WASSERPISTOLE DES SCHÜTZENFISCHES
Im Gaumendach des Schützenfischs befindet sich eine lange Rinne. Auf sie drückt der Fisch die Zunge. Dann presst er die Kiemendeckel zusammen und damit Wasser durch die Rinne, das durch den spitzen Mund auf die Beute geschossen wird.

Rinne mit Gaumendach

Die Zunge verschließt die Rinne zu einer Röhre.

Die Seitenansicht zeigt die Bewegung der Zunge.

Innenansicht des Gaumendachs

Die Spinne auf dem Blatt ist die Beute.

SCHNAPPSPRUNG

Schützenfische schießen ihre Beute nicht nur mit Wassertropfen ab, sondern springen auch aus dem Wasser und stoßen z. B. über 30 cm außerhalb des Wassers an der Aquarienwand sitzende Beutetiere von der Unterlage. Sie springen auch dicht über dem Wasser fliegende Insekten an. Da die Schützenfische alle möglichen bewegten und unbewegten Objekte als Nahrung ansehen, springen und spucken sie oft auch nach nicht essbaren Dingen. Aquarien mit Schützenfischen müssen daher immer abgedeckt sein. Wild lebende Schützenfische bevorzugen brackiges Wasser in Flussmündungen, schwimmen aber auch flussaufwärts ins Süßwasser. Ihre Eier legen sie nahe der Küste an Felsen und Korallen.

LUFTJÄGER

Im tiefen Dschungel des Amazonasgebiets lauert der bis zu 30 cm lange Arowana oder Gabelbart, ein lang gestreckter, seitlich stark abgeflachter Fisch mit einem großen, schöpflöffelartigen Maul (einem Maulbrütermaul, S. 44). Er frisst meist Wassertiere. Doch wie der Schützenfisch kann er aus dem Wasser springen, um Insekten, kleine Vögel oder Fledermäuse zu fangen, die dicht über der Oberfläche fliegen.

FORELLE

Forellen fangen oft über dem Wasser fliegende Insekten im Sprung.

Feindabwehr

V or allem kleine Fische müssen vor Feinden auf der Hut sein. Schnelle Flucht ist eine Möglichkeit, der Gefahr zu entkommen. Sehr kleine Fische können sich in Spalten und Löchern verstecken. Eine wichtige Schutzvorrichtung ist ein Tarnkleid (S. 50). Doch einige Fische haben auch gefährliche Waffen entwickelt, mit denen sie sich gegen Feinde zur Wehr setzen können. Igelfische und die giftigen Kugelfische können sich zur Feindabschreckung aufpumpen, Igelfische zusätzlich ihre Stacheln aufstellen. Drückerfische können einen Rückenstachel aufrichten und mit einem speziellen Mechanismus feststellen. Der Stachel kann einem Feind ernsthafte Verletzungen zufügen, dient aber hauptsächlich zum Festkeilen in Verstecken.

LICHT ZUM LEBEN
Viele Tiefseefische besitzen Leuchtorgane, die sie vor Feinden schützen, indem sie sie „verschwinden" lassen oder die Feinde blenden wie die Scheinwerfer eines Autos. Dieser Schuppendrachenfisch hat Leuchtbarteln.

DOKTORMESSER
Doktorfische sind friedliche, farbenprächtige Bewohner der tropischen pazifischen Korallenriffe mit einem „Doktormesser", einer scharfen, knöchernen „Klinge" auf beiden Seiten des Schwanzstiels. Wie das Skalpell eines Chirurgen kann es glatt und tief ins Fleisch schneiden. Einige Arten besitzen nur drei scharfkantige Knochenbuckel auf jeder Seite des Schwanzstiels, andere ein bewegliches Skalpell. Es ist nach hinten eingelenkt und kann mit seiner vorderen Spitze nach außen abgespreizt werden. Bei Gefahr kann dieser aus einer Schuppe entstandene Verteidigungsapparat wie ein Klappmesser aufgestellt werden.

Doktorfisch

Brustflossen

Hoher, langer, schmaler Körper

Lange Afterflosse

„Doktormesser"

Messerklinge im rechten Winkel ausgeklappt

Beim ruhenden Stachel-
schweinfisch liegen die
Stacheln flach am Körper.

AUFGEBLASENE
STACHELKUGEL

Der Stachelschweinfisch,
eine Igelfischart, kann seine
Stacheln aufrichten und so
einem Angreifer den Appetit
verderben. Doch zusätzlich
kann er sich zu einer Kugel aufblasen, die nicht nur stachelig,
sondern auch noch zu groß für
den durchschnittlichen Räuber
ist. Die verschiedenen Igelfisch-
arten leben hauptsächlich in
tropischen Meeren. Sie sind nahe
Verwandte der Kugelfische, die
sich ebenfalls kugelig aufpumpen können. Ein entspannter
Igelfisch unterscheidet sich
von Weitem kaum von einem
anderen Fisch, lediglich die
Augen stehen etwas weiter
hervor. Doch ist Gefahr im
Anzug, schluckt der Fisch
Wasser, mit dem er sich
bis auf die dreifache Körpergröße aufblähen kann.
Nimmt man einen Igel-
fisch plötzlich aus dem
Wasser, kann er sich auf
gleiche Weise mit Luft statt
mit Wasser aufblasen.
Ist die Gefahr vorüber,
schrumpft er wieder.

Beim aufgeblasenen
Stachelschweinfisch
stehen die Stacheln
im rechten Winkel
zum Körper ab.

Normale Form des
Stachelschweinfischs

Zur Feindabschreckung
voll aufgeblasener
Stachelschweinfisch

Die helle Bauchseite
kommt im aufgebläh-
ten Zustand besser
zur Geltung.

KUGELRUND
Bei Igel- und Kugelfischen verändert sich
die Körperlänge beim Aufblasen nicht.

Nestbau

Wie die meisten Tiere entwickeln sich Fische aus Eiern des Weibchens, die von Spermien des Männchens befruchtet wurden. Bei Landtieren erfordert dies eine Paarung, am besten eine Befruchtung der Eier im Mutterleib. Bei den Fischen aber können Männchen und Weibchen nebeneinander oder nacheinander Laich (Eier) und Milch (Spermien) abgeben, das Wasser bringt beides zusammen. So sammeln sich in der Brutsaison Tausende von Fischen zum Ablaichen in bestimmten Gebieten. Bei einigen Arten findet man gezielte Partnerwerbung: In der Regel lockt das Männchen durch ein auffälliges Brutkleid ein Weibchen an. Das Anlegen eines Nestes und die Bewachung der Brut, zum Beispiel beim Dreistachligen Stichling, gibt Eiern und Jungfischen größere Überlebenschancen.

Eine Schwarzgrundel bewacht ihre Jungen.

ROT-BLAUES BRUTKLEID

Im Frühling beginnt in Teichen, Seen und Flüssen der nördlichen Breiten die Brutzeit des Dreistachligen Stichlings. Brust und Hals der Männchen färben sich leuchtend rot, die Augen blau. Ein Männchen im Brutkleid vertreibt jeden rotbrüstigen Eindringling aus seinem Brutrevier. Es baut ein Nest und „überredet" durch sein Balzverhalten ein Weibchen zur Eiablage. Dann besamt es die Eier und bewacht zuerst die Eier, später die Jungfische.

Wasserpflanzenstück für den Nestbau

Leuchtend blaues Auge

Roter Hals

1 SAMMELN DES BAUMATERIALS
Das Stichlingsmännchen beginnt kleine Pflanzenstücke für das Nest zu sammeln.

Eine für das Nest geeignete Stelle unter einem Stein

Der Stichling schaufelt mit der Schnauze Kies zur Seite.

NEST IM TANG

Das Männchen des auf Meer- oder Brackwasser beschränkten Seestichlings mit 14–17 Stacheln baut ein Nest aus Tang. Es bindet Algenstücke mit einem klebrigen Faden, den es aus den Nieren abscheidet, zusammen.

2 AUSSCHACHTUNGSARBEIT
Mit der Schnauze schaufelt der Stichling Schlamm und Kies beiseite und gräbt so eine flache Grube. Meist liegt das Nest im Schutz von Wasserpflanzen oder Steinen.

3 FESTER GRUND
Der Fisch klopft die ersten Pflanzenstücke in der Grube zu einem „Fundament" fest. Die großen fächrigen Brustflossen dienen der für diese Arbeit notwendigen exakten Steuerung der Bewegungen.

Der Stichling drückt Algen mit der Schnauze zu einer festen Unterlage zusammen.

BLASEN FÜR DIE BABIES
Der Zwerggurami baut wie die meisten Guramis Schaumnester. Das Männchen im auffälligen türkisfarbenen Brutkleid mit roten Streifen lockt das Weibchen zum Eierlegen. Dann besamt es die Eier und bläst sie in speichelummantelten Blasen an die Wasseroberfläche, wo sie sich entwickeln.

4 **KLEBEARBEIT**
Wenn das Nest höher wird, verleimt der Stichling die Pflanzenstücke mit einer klebrigen Absonderung seiner Nieren. So wächst das Nest langsam, Schicht für Schicht.

VATERINSTINKT
Der männliche Amerikanische Schlammfisch (S. 9) baut im Frühling im schlammigen Gewässergrund ein tellerartiges Nest, dessen Boden mit feinem Wurzelwerk bedeckt ist. Er „verführt" ein oder mehrere Weibchen zur Eiablage, besamt die Eier und bewacht sie, bis die Larven schlüpfen. Diese saugen sich mit einer mit Klebewarzen ausgestatteten Haftscheibe an der Schnauze am Nest fest, bis die Nahrung im Dottersack (S. 42) aufgebraucht ist.

Die fächerförmigen Brustflossen erzeugen einen Wasserstrom zur Sauerstoffversorgung der Eier.

5 **VATER ALS VENTILATOR**
Durch die verklebten Pflanzenteile kann kein Frischwasser strömen und die Eier mit für die Entwicklung notwendigem Sauerstoff versorgen. So fächelt der Fisch mit seinen großen Flossen Wasser durch das Nest.

Mund weit geöffnet

„Angähnen"

HOCHZEITSSCHWIMMEN
Wie der Stichling hat auch der männliche Leierfisch ein auffälliges Brutkleid. Er umkreist das um ein Drittel kleinere Weibchen, spreizt alle Flossen und zeigt seine Farben. Ist die Partnerin paarungsbereit, hebt das Männchen sie hoch, indem es seine Brustflosse unter ihre schiebt. Dann steigen beide senkrecht nach oben und legen ihre Afterflossen aneinander. Dadurch entsteht eine Rinne, in die Eier und Samen entleert werden. Danach überlassen die Eltern die befruchteten Eier sich selbst.

STICHLING BEI DER ARBEIT
Der Stichling unterbricht den Nestbau gelegentlich durch „Gähnen" oder „Kurvenschwimmen". Diese Verhaltensweisen sollen Rivalen zeigen, dass er ein Nest baut und sie sich fernhalten sollen.

„S-Kurve"

Leierfische bei der Paarung

Fischlaich

Bei Fischen gibt es verschiedene Methoden, die Nachkommenschaft zu sichern. Ein Dorsch- oder ein Steinbuttweibchen gibt Millionen von Eiern ins Wasser ab, die Männchen entlassen die Spermien ebenfalls einfach ins Wasser. Befruchtung und Eientwicklung finden im freien Wasser oder auf dem Meeresboden statt. Doch von den Millionen Eiern bleiben zum Schluss nur eine Handvoll fortpflanzungsfähiger Fische übrig. Die Groppe dagegen legt nur 100–200 Eier, die das Männchen aber scharf bewacht und gegen Feinde verteidigt. Manche Haie bringen lebende Junge zur Welt. Dazu ist eine innere Befruchtung der Eier notwendig, die zuverlässiger ist als eine dem Zufall überlassene im Wasser. Außerdem sind die heranreifenden Jungfische im Mutterleib geschützt und nicht mehr so hilflos wie etwa die Dorschbrut, wenn sie geboren werden.

Schwarzer Kaviar (vom Belugastör oder Hausen)

Roter Kaviar (Lachskaviar)

EIER AUF TOAST
Die Eier (Rogen) einiger Fischarten gelten als Delikatesse (Kaviar). Dabei macht nicht nur der Geschmack, sondern auch der Seltenheitswert das Besondere aus. Das Fangen laichreifer Weibchen, selbst wenn sie nach der Rogenentnahme wieder ausgesetzt werden, hat zur Gefährdung einiger Arten, besonders der Störe geführt.

Runder, gelblicher Laichklumpen

DER VATER ALS WÄCHTER
Im Frühling findet man die Laichkugeln der Groppe oder Mühlkoppe in kleinen Mulden unter Steinen am Boden von Flüssen und kiesgründigen Seen. Jede Laichkugel enthält bis zu 250 Eier, die nach einem Balzritual vom Weibchen abgelegt und vom Männchen besamt werden. Das Männchen hütet die Eier dann etwa fünf Wochen, bis die Jungfische schlüpfen und davonschwimmen. Doch Nachzügler erkennt der Vater nicht mehr als Kinder an, er frisst sie auf.

IM EI
Die Abbildung zeigt
Eier des Dreistach-
ligen Stichlings (S. 40) sieben Tage nach der
Befruchtung unter einem Phasenkontrastmikros-
kop. Aus den etwa 2 mm großen Eiern schlüpfen
je nach Wassertemperatur nach fünf bis sieben
Tagen die Larven. Der Fischembryo lebt während
seiner Entwicklung im Ei von Nahrungsreserven
aus dem blasigen gelben Dottersack. Ein frisch
geschlüpfter Stichling ist etwa 4 mm lang.

*Die großen Brustflossen dienen
zum Befächern der Eier
mit sauerstoffreichem
Frischwasser.*

Hai-Embryo

Katzenhaie und ihre Eihüllen

HAI AUS DER TASCHE
Die hornigen „Nixentäschchen", die man oft am
Strand findet, sind leere Eihüllen von Katzenhaien,
Glattrochen und Nagelrochen. Das Männchen
bringt die Spermien mit einem Begattungsorgan
in den Körper des Weibchens, wo die Befruchtung
stattfindet. Jeweils zwei Eier werden in einer Eihülle
mit Rankenfortsätzen an Wasserpflanzen befestigt.
Der Embryo lebt von Dottersackreserven. Nach 6 bis
9 Monaten schlüpfen etwa 10 cm lange Jungfische.

Eihülle eines Seedrachens

HÜLLENFORMEN
Die Eihüllen der einzelnen Arten sind unterschiedlich
geformt. Seedrachen (S. 20) haben längliche, kaulquappen-
ähnliche Eihüllen. Die des am Meeresgrund lebenden Dog-
genhais aus Australien sind korkenzieherartig.
Die Eihüllen des Adlerrochens sehen eher aus
wie ein typisches Nixentäschchen.

*Groppenmännchen
bewacht Laichklumpen.*

Eihülle des
Doggen-
hais

Eihülle des
Adlerrochens

MUSCHELWIEGE
Eine ungewöhnli-
che Kinderstube
haben die Bitter-
linge. Das Weibchen
besitzt eine Lege-
röhre, die in der
Laichzeit sehr
lang wird. Damit
legt es seine Eier in
die Mantelhöhle einer
lebenden Teichmuschel. Das Männchen gibt
seine Samen ins Wasser ab. Sie werden von
der Muschel mit der Nahrung eingestrudelt
und befruchten die Eier. Dann bewacht das
Männchen die Muschel, bis die schwimm-
fähigen Jungfische die Mantelhöhle verlassen.

Brutfürsorge

Bei vielen Fischen fehlt der Mutterinstinkt. Sie geben Millionen von Eiern einfach ins Wasser ab und überlassen alles Weitere der Natur. Andere dagegen sind fürsorgliche Eltern. Sie legen nicht so viele Eier, dafür kümmern sie sich aber um die Brut und erhöhen damit deren Überlebenschancen. So tragen bei Maulbrütern wie den Buntbarschen die Weibchen Eier und Jungtiere im Maul oder in besonderen Schlundtaschen. Bei den Maulbrüterwelsen brütet das Männchen die Eier aus. Auch bei den Seepferdchen und Seenadeln (S. 22) übernehmen die Männchen die Brutfürsorge und beschützen zum Teil auch die frisch geschlüpften Jungfische. Sogar bei den Haien (S. 58), die oft sehr angriffslustig sind und auch vor der eigenen Art nicht haltmachen, genießen die Jungtiere Schutz. Bei einigen Arten kommen sie in besonderen Kinderstuben in seichtem Wasser zur Welt. Da die Weibchen in der Brutsaison nicht fressen und die Männchen diese Gewässer kaum aufsuchen, haben die Junghaie eine Schonzeit zum Heranwachsen.

MAULTASCHE
Der Malaiische Knochenzüngler *(Scleropages formosus)*, Vertreter einer sehr ursprünglichen Fischgruppe und ein Verwandter des Arowana (S. 37), brütet die Eier in einer Tasche zwischen den Knochen der Unterkiefer aus.

DAS MAUL VOLL EIER
Die in Aquarien gern gehaltenen Rotflossigen Buntbarsche aus dem Malawisee in Afrika sind Maulbrüter. Das Männchen schaufelt eine leichte Vertiefung im Seebett, in die das Weibchen die Eier ablegt. Nach der Befruchtung saugt das Weibchen die Eier vorsichtig ins Maul und trägt sie – bis zum Schlüpfen der Jungen – mehrere Wochen mit sich herum.

Maulbrüter

Maulbrüter brüten – wie der Name sagt – ihre Eier im Maul aus. V. a. Buntbarsche zeigen dieses Brutpflegeverhalten. So ist auch der rechts abgebildete Maulbrüter aus dem afrikanischen Malawisee ein Buntbarsch. Meist suchen die Jungfische auch nach dem Schlüpfen aus dem Ei noch eine Weile Schutz im Maul der Mutter.

RAUS MIT EUCH!
Die Gefahr ist vorbei. Das Maulbrüterweibchen pustet die Jungen aus dem Maul, damit sie in seiner Nähe schwimmen und fressen können. Auch die Mutter kann nun Nahrung zu sich nehmen. Meist magern die Weibchen während der Brutzeit stark ab, weil sie keine oder kaum Nahrung zu sich nehmen. Je kleiner die Jungfische sind, desto länger bleiben sie im Maul. Größere Junge kehren nur noch bei Gefahr und nachts in den Schutz des mütterlichen Mauls zurück. Durch den Wassereinstrom, der der Atmung der Mutter dient, werden auch die Jungfische mit sauerstoffreichem Atemwasser versorgt.

Ein Jungfisch wird aus dem Maul „gepustet".

Die kleinen Buntbarsche bleiben in der Nähe der Mutter, um sich bei Gefahr schnell ins Maul zu flüchten.

SÄUGERFÜRSORGE
Für Säugetiere wie Affen (rechts)
ist das Nähren und Herumtragen
der Jungen typisch.

„SÄUGENDER FISCH"
Diskusbuntbarsche wie der
Braune Diskus haben ein einzig-
artiges Brutpflegeverhalten entwickelt. Beide Elternteile bewachen und
befächeln die Eier und halten das Gelege
sauber, bis nach vier Tagen die Jungfische
schlüpfen. Dann nähren sie ihre Jungen mit
eiweißhaltigen Schleimabsonderungen der Haut. Dieser
„Nährschleim" hat eine ganz andere Zusammensetzung als
der übliche Fischschleim zum Schutz der Haut. Die Jungfische
knabbern den Schleim bis etwa vier Wochen nach dem
Schlüpfen von der Haut der Eltern, dann sind sie selbstständig.

SCHLAMMNEST
Das Männchen des Afrikanischen Lungenfischs gräbt eine tiefe Grube
in den Schlamm, in die das oder die Weibchen die Eier ablegen. Dann
bewacht der Vater Eier und Jungfische zwei Monate lang und verteidigt
sie ganz energisch. Mit seinen 2 m Länge fällt es ihm nicht schwer, Räuber
in die Flucht zu jagen. Durch Schlängelbewegungen seines Körpers
sorgt er für die Frischwasserversorgung (und damit für die
Sauerstoffversorgung) des Geleges.

Ein glühender Verteidiger seiner Jungen:
der Afrikanische Lungenfisch

Leben und leben lassen

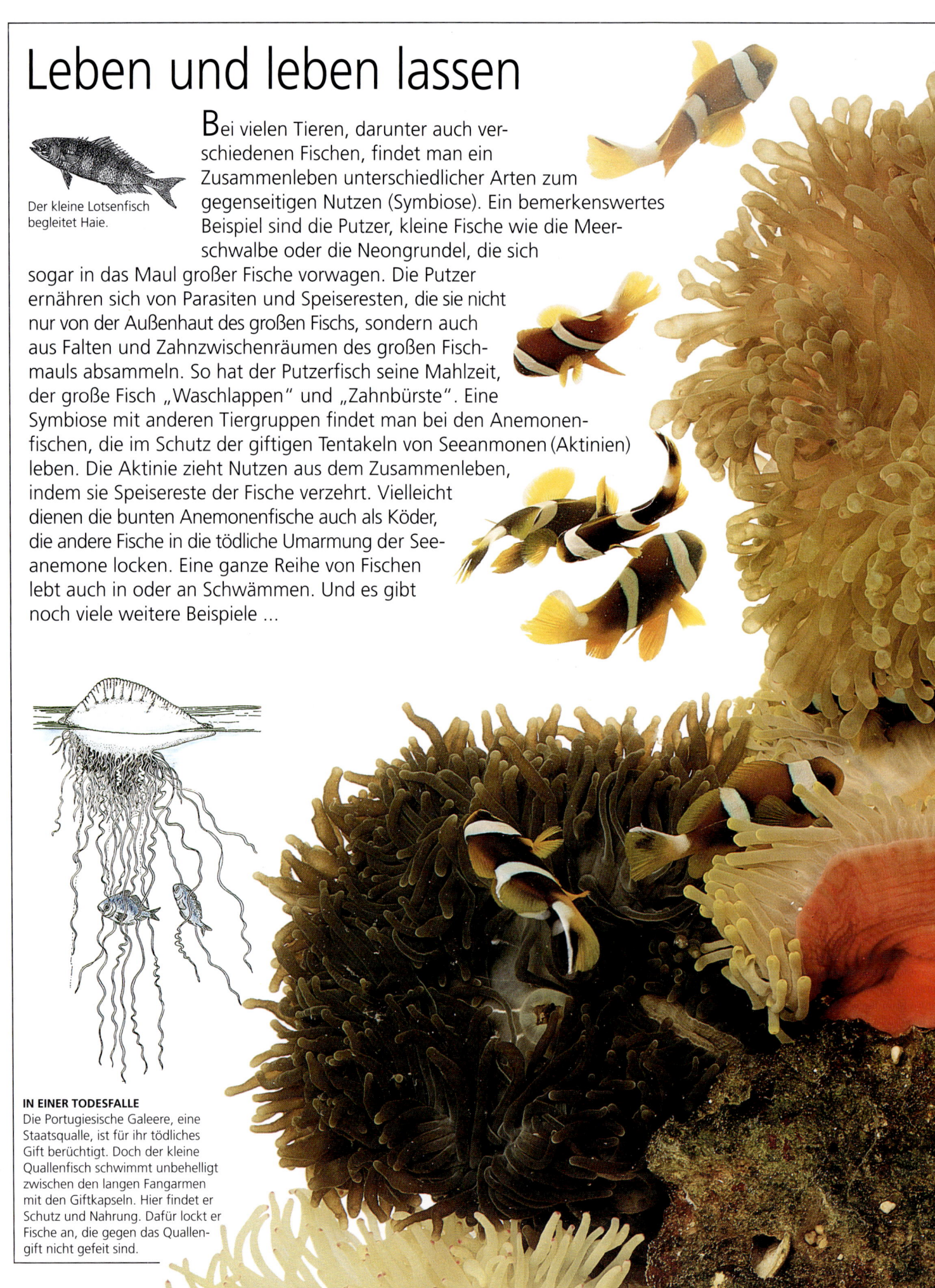

Der kleine Lotsenfisch begleitet Haie.

Bei vielen Tieren, darunter auch verschiedenen Fischen, findet man ein Zusammenleben unterschiedlicher Arten zum gegenseitigen Nutzen (Symbiose). Ein bemerkenswertes Beispiel sind die Putzer, kleine Fische wie die Meerschwalbe oder die Neongrundel, die sich sogar in das Maul großer Fische vorwagen. Die Putzer ernähren sich von Parasiten und Speiseresten, die sie nicht nur von der Außenhaut des großen Fischs, sondern auch aus Falten und Zahnzwischenräumen des großen Fischmauls absammeln. So hat der Putzerfisch seine Mahlzeit, der große Fisch „Waschlappen" und „Zahnbürste". Eine Symbiose mit anderen Tiergruppen findet man bei den Anemonenfischen, die im Schutz der giftigen Tentakeln von Seeanmonen (Aktinien) leben. Die Aktinie zieht Nutzen aus dem Zusammenleben, indem sie Speisereste der Fische verzehrt. Vielleicht dienen die bunten Anemonenfische auch als Köder, die andere Fische in die tödliche Umarmung der Seeanemone locken. Eine ganze Reihe von Fischen lebt auch in oder an Schwämmen. Und es gibt noch viele weitere Beispiele ...

IN EINER TODESFALLE
Die Portugiesische Galeere, eine Staatsqualle, ist für ihr tödliches Gift berüchtigt. Doch der kleine Quallenfisch schwimmt unbehelligt zwischen den langen Fangarmen mit den Giftkapseln. Hier findet er Schutz und Nahrung. Dafür lockt er Fische an, die gegen das Quallengift nicht gefeit sind.

Die Anemonenfische wagen sich nicht weit von den schützenden Seeanemonen weg.

PUTZER BEI DER ARBEIT

Das Zusammenleben von Putzerfischen, z. B. kleinen Lippfischen, mit großen Fischen bringt beiden Seiten Vorteile. Die Putzer warten, meist zur selben Tageszeit, an bestimmten „Servicestationen", wo sie von großen Fischen aufgesucht werden, die ihre Dienste in Anspruch nehmen wollen. Der Putzer reinigt dann Haut, Flossen, Kiemen und sogar das Maul bis in den Hals hinein von Parasiten und Speiseresten. Hier putzt eine Meerschwalbe einen riesigen Zackenbarsch.

ANEMONENFISCHE

Die bunten Anemonenfische oder Clownfische der tropischen Korallenriffe schlafen in Riesenaktinien, kuscheln sich in die Fangarme, ziehen sich bei Gefahr in ihren Schutz zurück und bringen Nahrung für die Seeanemone mit, fressen aber auch aus ihrem Mund. Andere kleine Fische dagegen werden in Sekundenschnelle von dem Gift der Seeanemone betäubt. Eine besonders dicke Schleimschicht schützt die Anemonenfische. Da der Schleim anders zusammengesetzt ist als bei anderen Fischen, riechen und schmecken Clownfische für die Aktinie anders als andere Fische, ihre giftigen Nesselkapseln in den Fangarmen reagieren nicht. Zusätzlich kommen Duftstoffe und Schleim der Seeanemone auf die Anemonenfischhaut: Der Fisch „riecht" nach Anemone. In freier Natur bevorzugen die Clownfische meist ganz bestimmte Arten von Riesenaktinien. Im Aquarium nehmen sie aber auch fremde Arten an.

Lederkoralle

Die Anemonenfische halten sich nur in Seeanemonen auf, die Lederkoralle bietet ihnen keinen Schutz.

„Wasserschlangen"

MURÄNE
Muränen werden bis zu 3 m lang und leben in warmen Küstengewässern. Viele sind leuchtend gefärbt und einige so giftig, dass ein Mensch an ihrem Biss sterben kann. Trotzdem gelten sie als gute Speisefische.

Aale erinnern sowohl vom Aussehen als auch in ihrer Fortbewegungsweise eher an Schlangen als an Fische. Doch schon seit dem Altertum gelten sie als wertvolle Speisefische. Bei den alten Griechen galt es als Zeichen des Reichtums, wenn man sich die auch zu den Aalfischen gehörenden Muränen in einem Becken halten konnte. Aale sind lange, runde Fische mit scheinbar schuppenloser Haut. Sie besitzen keine Bauchflossen, die übrigen Flossen haben keine Flossenstrahlen. Zu den heute lebenden etwa 600 Arten gehören unter anderem der Flussaal, der Meeraal, Muränen und Pelikanaale. Doch auch in anderen Fischgruppen gibt es aalartige Vertreter. So gehört der südamerikanische Zitteraal in die Ordnung der Karpfenfische. Besonders bemerkenswert ist die Fortpflanzung und Entwicklung der Aale, die bis zu Beginn des letzten Jahrhunderts ein Rätsel blieb.

Brustflosse

Kiemenöffnung

SEESCHLANGEN
In Erzählungen von Seeleuten tauchen immer wieder riesige Seeschlangen auf. Ein wahrer Kern steckt in solchem Seemannsgarn: Sichtungen von großen Aalen oder noch eher von bis über 6 m langen Bandfischen.

Gelbe Rückenflosse des Bandaals

Brustflosse

Die Haut ist schleimig und schlüpfrig.

Blattnase

PELIKANAALE
Der Pelikanaal lauert mit seinem Riesenmaul in der Tiefsee auf Beute.

Pelikanaal

AUFGEKNÄUELT
Der grell gefärbte Bandaal gehört zu den Blattnasenmuränen. Wie die meisten Muränen lauert er in Felsspalten und Höhlen auf vorbeischwimmende Beute. Diese erlegt er mit einem schnellen Schlag seines Kopfs und einem kräftigen Biss der scharf bezahnten Kiefer. Der Bandaal kann sich in Höhlen aufknäueln, für die er viel zu lang erscheint.

AALWANDERUNGEN

Wie sich Flussaale fortpflanzen, blieb über Jahrhunderte ein Rätsel. Sie leben in Seen und Flüssen, doch in jedem Frühling kommen winzige Aale aus dem Meer in die Flüsse, im Herbst verschwinden alte Aale im Meer. 1920 kam man des Rätsels Lösung näher, als der dänische Zoologe Johannes Schmidt die wandernden Aale in ihre Laichgründe in der Sargassosee im Westatlantik verfolgte. Dort laichen die geschlechtsreifen Aale scheinbar in großen Tiefen ab und sterben dann. Die auf Grund ihrer Form Weidenblattlarven genannten Larven leben nach dem Schlüpfen im Plankton und werden vom Golfstrom an die europäischen Küsten getragen, wo sie nach etwa drei Jahren ankommen. Nun beginnt die Umwandlung zum durchsichtigen Glasaal, der in die Flüsse einwandert, wo er sich in 6–8 Jahren zum geschlechtsreifen Aal entwickelt.

WANDERROUTE DES EUROPÄISCHEN FLUSSAALS

☐ Larven im Plankton   ☐ Geschlechtsreife Europäische Aale

Flussaale können auf der Suche nach einem ins Meer führenden Fluss durch feuchtes Gras gleiten.

Rückenflosse

AALKNOCHEN

Auffällig am Skelett des Meeraals ist das Gebiss mit den spitzen, nach hinten weisenden Zähnen, die keine Beute entkommen lassen. Länge und Biegsamkeit des Aals werden von einer großen Anzahl von Wirbeln – oft über 100 – ermöglicht. Bauch- und Schwanzflossen sind nicht entwickelt, bei manchen Arten fehlen sogar die Brustflossen. Rücken- und Afterflosse sind am Körperende verschmolzen, sodass ein umlaufender Flossensaum entsteht.

ELEKTRISCH GELADEN

Der Zitteraal, ein Karpfenverwandter, lebt in sauerstoffarmen Gewässern im Amazonasgebiet. Er besitzt beiderseits der Wirbelsäule etwa 500 000 Elektroplatten (umgewandelte Muskeln), in kleinen Batterien zusammengefasst. Damit kann er kleine Fische mit 500-Volt-Stromstößen töten. Mit wesentlich weniger Volt manövriert er sich durchs Wasser.

Scharfe Zähne

Hinteres Nasenloch am Auge

Eine große Zahl von Wirbeln macht das Rückgrat biegsam.

Die Rückenflosse reicht bis zum Schwanz.

Vorstehender Unterkiefer

KONGERAAL

Der Meeraal oder Kongeraal frisst, was immer er erwischen kann, von Tintenfischen bis zu den Fingern eines unvorsichtigen Tauchers. Seine Laichgründe liegen in 4000 m Tiefe im mittleren Atlantik.

49

Verstecke

Die Unterwasserwelt zeigt ebenso vielfältige Lebensräume wie das Land. Es gibt kühle Algenwälder, verwirrend bunte tropische Korallenriffe, Sand- oder Kieswüsten und zerklüftete Felsküsten voller Höhlen. Solche Unterwasserhöhlen dienen – wie Baum-, Erd- und Felshöhlen auf dem Land – als Unterschlupf, und zwar gleichermaßen für Jäger wie Gejagte. Kleine Fische, die viele Feinde haben, zum Beispiel die Lippfische, müssen ihre Nahrung oft im offenen Wasser suchen, doch bei Gefahr flüchten sie sich blitzschnell in Felsspalten oder vergraben sich im Sand, im Kies oder im Schlamm. Räuber wie die Muränen (S. 48) und die Grundeln lauern in Höhlen und Felsspalten auf ahnungslos vorbeischwimmende Opfer.

SICHER IM SAND

Der Spiegelfleck-Lippfisch, ein tropischer Riffbewohner, besitzt zwei große Augenflecken auf dem Rücken. Wenn dieses große „Gesicht" nicht ausreicht einen herannahenden Feind abzuschrecken, vergräbt sich der Fisch in Sekundenschnelle im Sand oder Kies. Wittert der Fisch Gefahr, die sich dann aber als gar nicht so gefährlich herausstellt, „lernt" er das Eingraben mit der Zeit zu unterlassen. So beunruhigt z. B. das bedrohliche Geräusch eines von den Wellen in einer Felshöhlung umhergerollten Steins den Lippfisch anfangs. Doch mit der Zeit gewöhnt er sich daran und gräbt sich deshalb nicht mehr ein. Diese Gewöhnung ist auch sinnvoll, denn sonst müsste er sich ständig eingraben.

2 BODENPROBE
Am Meeresgrund schiebt der Fisch die empfindliche Schnauze und Brust waagerecht in den Sand. Sollte sich herausstellen, dass es sich nur um eine dünne Sandschicht auf Fels handelt, muss er schnell eine andere Stelle suchen. Wenn er zu lange suchen muss, kann das seinen Tod bedeuten.

Der Lippfisch schiebt sich in den Sand.

Die Augenflecken ergeben den Eindruck eines „großen Gesichts" und schrecken dadurch Feinde ab.

Der Fisch sucht nach einem Fleckchen mit lockerem Sand, um sich zu vergraben.

1 GEFAHR
Der Spiegelfleck-Lippfisch hört oder riecht Gefahr oder sieht einen Feind herannahen. Sofort schießt er nach unten und sucht ein Fleckchen mit lockerem Sand oder Kies zum Vergraben.

MIT DER FEILE FESTGEKLEMMT
Der erste Flossenstrahl des Feilen-
fischs ist fein gesägt wie eine Feile.
Doch seinen Namen erhielt der Fisch
aufgrund der ebenfalls feilenartig
rauen Schuppen. Bei Gefahr schwimmt
der Feilenfisch, ein Verwandter des
Drückerfischs (S. 31), in eine enge
Felsspalte und stellt seinen Rückenstachel auf und fest. Kein Räuber kann
jetzt den festgekeilten Fisch aus dem
Versteck herausbekommen.

FISCHE IN RÖHREN
Röhrenaale leben in großen „Siedlun-
gen" in seichten tropischen Gewässern
(die Abbildung zeigt Röhrenaale
aus der Karibik). In Abständen
von 20–60 cm sitzen die Fische
mit dem Hinterende in einer
selbst gegrabenen, mit Schleim
ausgekleideten Röhre. Der Körper
ragt zu etwa zwei Dritteln aus der
Wohnröhre und pendelt – Kopf
gegen die Strömung – hin und
her. So fangen Röhrenaale Plankton
aus dem Wasser. Bei Gefahr ziehen sie
sich in ihre Röhren zurück und schauen
erst nach einigen Minuten vorsichtig nach,
ob die Luft, oder besser das Wasser, rein ist.

*Die lockeren
Sandkörner
werden
durch die
Grabetätig-
keit des Fischs
aufgeworfen.*

3 EINGRABEN
Mit Schlängel-
bewegungen des
Körpers „schwimmt"
der Spiegelfleck-
Lippfisch Kopf voran
schräg nach unten in
den lockeren Sand.

*Schlängelbewegun-
gen unterstützen
die Schnauzen-
arbeit beim
Eingraben.*

FLASCHENFISCH
Diese Grundel hat in
einem Flaschenhals
Zuflucht gesucht.
Meist betrachten
Fische Gegenstände aus
Menschenhand zuerst
mit Vorsicht, prüfen
dann aber, ob man sie
essen kann. Sobald
die Gegenstände von
Algen und anderen
Lebewesen überwach-
sen sind, sehen sie nicht
mehr „künstlich" aus
und werden als Ver-
stecke angenommen.

4 AUS DEN AUGEN, AUS DEM SINN
Innerhalb weniger Sekunden ist der Spiegelfleck-
Lippfisch im Sand verschwunden. Dort bleibt er, bis
er wittert, dass oben wieder alles in Ordnung ist.
Viele Lippfische, besonders in Gewässern um die
pazifischen Atolle, graben sich nachts zum Schlafen
ein. Andere legen sich richtig schlafen. Sie ruhen auf
der Seite liegend in Höhlen oder Spalten. Während
die tagaktiven Lippfische schlafen, kommt die
„Nachtschicht" aus ihren Verstecken und geht
im Riff auf Nahrungssuche.

*Im Foto sieht
man den Fisch
noch. Von
oben aber ist
er unsichtbar.*

Schwarmfische

Viele Fische schwimmen zusammen in größeren oder kleineren Schwärmen. Oft sind solche Schwarmfische Planktonfresser wie der Hering, dessen Schwärme oft Millionen von Tieren umfassen, die auf der Suche nach nahrungsreichen Gewässern durchs Meer wandern. Einige Fische bilden in der Brutzeit Schwärme (S. 42). Jungfische und kleine Fische finden als Schwarmfische in der Masse Schutz. Durch die sich ständig bewegende Masse werden Räuber verwirrt, es fällt ihnen schwer, ein Einzeltier aus dem Schwarm herauszufangen. Kleine Fische können in einem dichten Schwarm auch den Eindruck erwecken, sie seien ein großes Einzeltier. Wie die Fische ihre Bewegungen abstimmen, ist bis heute nicht völlig geklärt. Es scheint im Schwarm keine „Leitfische" zu geben, die die Führung übernehmen. Die Fische erkennen sich scheinbar an bestimmten augenfälligen Flecken oder Streifen und finden sich nur in einer Größe zusammen. Auch fühlt ein Fisch die Bewegungen der Nachbarfische mit seinem Seitenlinienorgan. Doch wie der Schwarm es schafft, wie ein Organismus zu schwimmen, bleibt unklar.

VON NETZEN ERWARTET
So große Thunfischschwärme wie früher gibt es heute nicht mehr. Schuld daran ist v. a. die Überfischung. Die Regelmäßigkeit, mit der Thunfische jedes Jahr ins Mittelmeer einwandern, macht sie zur leichten Beute für Fischfangflotten.

Dunkler Rücken (S. 18)

HASELSCHWARM

Das weit unten am Körper sitzende Seitenlinienorgan kann die Bewegungen der anderen Schwarmfische wahrnehmen.

Die Hasel (Häsling, Rüßling, Nesling, Schnutt) ist ein in europäischen Fließgewässern häufiger kleiner Fisch. Die Fische eines Schwarms schwimmen so gut aufeinanderabgestimmt, dass man meinen könnte, sie seien ein einziges Tier. Im Sommer schwimmen sie dicht unter der Wasseroberfläche, meist im Schatten eines Baums, und fangen Insekten. Sie fressen aber auch Pflanzen. Einjährige Haseln sind etwa 7 cm lang, ausgewachsene Tiere können 25 cm erreichen.

Der Atlantische Hering wird bis zu 40 cm lang.

ZU LEICHTE BEUTE
Die riesigen Heringsschwärme lassen sich leicht mit Netzen fangen. Als man noch mit Segelschiffen fischte (oben), hatten die Fische noch eine Chance. Doch moderne Fangboote mit riesigen Netzen und Echolot zum Orten der Fische räumen die Meere leer – die Fischbestände sind gefährdet.

EIN GLIED IN DER NAHRUNGSKETTE
Ein großer Schwarm des Pazifischen Herings vor der mexikanischen Küste: Solche Riesenschwärme kommen Fischereibooten mit großen Schleppnetzen oder Ringwadennetzen gelegen. Doch sie dienen auch vielen größeren Fischen und Seevögeln als Nahrung.

WER DIE WAHL HAT ...
Der karibische Gelbschnapper frisst
Muscheln, Schnecken und kleine
Fische. Dieser Gelbschnapper
versucht seine Beute aus einem
dichten Schwarm kleiner
Heringsfische herauszufangen.
Doch der Schwarm verwirrt
den Räuber durch ständiges
Hin-und-her-Schwimmen sodass
er möglicherweise trotz des
großen Angebots leer ausgeht.

Aufgeregt hin- und
herschwimmende
Schwarmfische: ein
verwirrender Anblick

Die Augen
können nach
oben und nach
unten blicken.

Weiße
Bauchseite

Silbrige Flanke

Giftige Fische

In den Gewässern unserer Erde schwimmen eine ganze Reihe giftiger Fischarten. Immer wieder erkranken oder sterben auch Menschen am Gift von Stachelrochen, Drachenfischen, Drachenköpfen und Rotfeuerfischen, Steinfischen und vielen anderen. Zu den typischen Vergiftungserscheinungen beim Menschen gehören taube Glieder, Lähmungserscheinungen, Atemnot, starke Blutungen und Blutvergiftung. Doch das Gift ist nicht in erster Linie eine Waffe gegen Menschen. Es dient der Verteidigung gegen größere Räuber wie großen Plattfische, Haien und Rochen.

Der Himmelsgucker mit seinen nach oben blickenden Augen hat Giftstacheln über den Brustflossen.

Dünner Peitschenschwanz

Zarte Schwanzzeichnung

Drei giftige Afterflossenstacheln

Lebensbedrohliche Leckerbissen

Die meisten Kugelfische sind giftig. Ihr Gift kommt aber nur in bestimmten Organen vor, v. a. in Hoden und Eierstöcken, wo es gebildet wird. Trotzdem gilt in Japan Fugu, ein Kugelfischgericht, als Delikatesse. Da das tödliche Gift auch beim Kochen nicht zerstört wird, müssen die giftigen Organe sofort nach dem Tod des Fischs vorsichtig entfernt werden, damit das Gift nicht ins Muskelfleisch gelangt. Fuguköche erhalten eine besondere Ausbildung. Trotzdem gibt es gelegentlich Todesfälle nach unsachgemäßer Fugu-Zubereitung.

Toter Kugelfisch

Der knöcherne Stachel sitzt auf dem Schwanz.

DER STACHEL DES ROCHENS
Das Gift eines Stachelrochens wird in dem glänzenden, weißen Gewebe an den beiden Rinnen auf der Unterseite des Stachels gebildet. Beim europäischen Gemeinen Stechrochen ist der Stachel 8–35 cm lang.

Ein für Fugu zerlegter Kugelfisch: Man braucht ein scharfes Auge, um die giftigen Organe zu erkennen.

STACHEL IM SCHWANZ
Es gibt etwa 100 Stachelrochenarten in den Küstengewässern der Erde. Einige erreichen Spannweiten von über 3 m und wiegen über 300 kg. Sie liegen entweder im Sand oder Kies des Meeresgrunds verborgen oder gleiten auf der Suche nach Muscheln, Schnecken und Fischen langsam durchs Wasser. Bei Gefahr setzen die Rochen ihren Schwanzstachel ein. Dieser stahlharte Knochendolch sitzt auf der Oberseite des Schwanzes, nahe am Schwanzansatz. Einige Arten haben sogar zwei oder drei Stacheln. Der dünne Peitschenschwanz ist zum Schwimmen nicht gut geeignet, aber als Werkzeug beim Stechen. Fühlt sich ein Stachelrochen bedroht, schlägt er mit dem Schwanz um sich, schlägt so mit dem Stachel zu und bohrt ihn in den Feind. Der meist gesägte Stachel bricht im Fleisch des Gegners ab und bleibt stecken. Bei Menschen verursacht er eine stark blutende Fleischwunde und heftige Schwellungen, das Gift sorgt zusätzlich für Vergiftungserscheinungen, z.B. Lähmungen der Atemwege, nervöse Herzbeschwerden, in schweren Fällen führt es sogar zum Tod. Dem Rochen wächst von Zeit zu Zeit ein neuer Stachel.

Kompliment an den Küchenchef: Die Gäste sind noch am Leben.

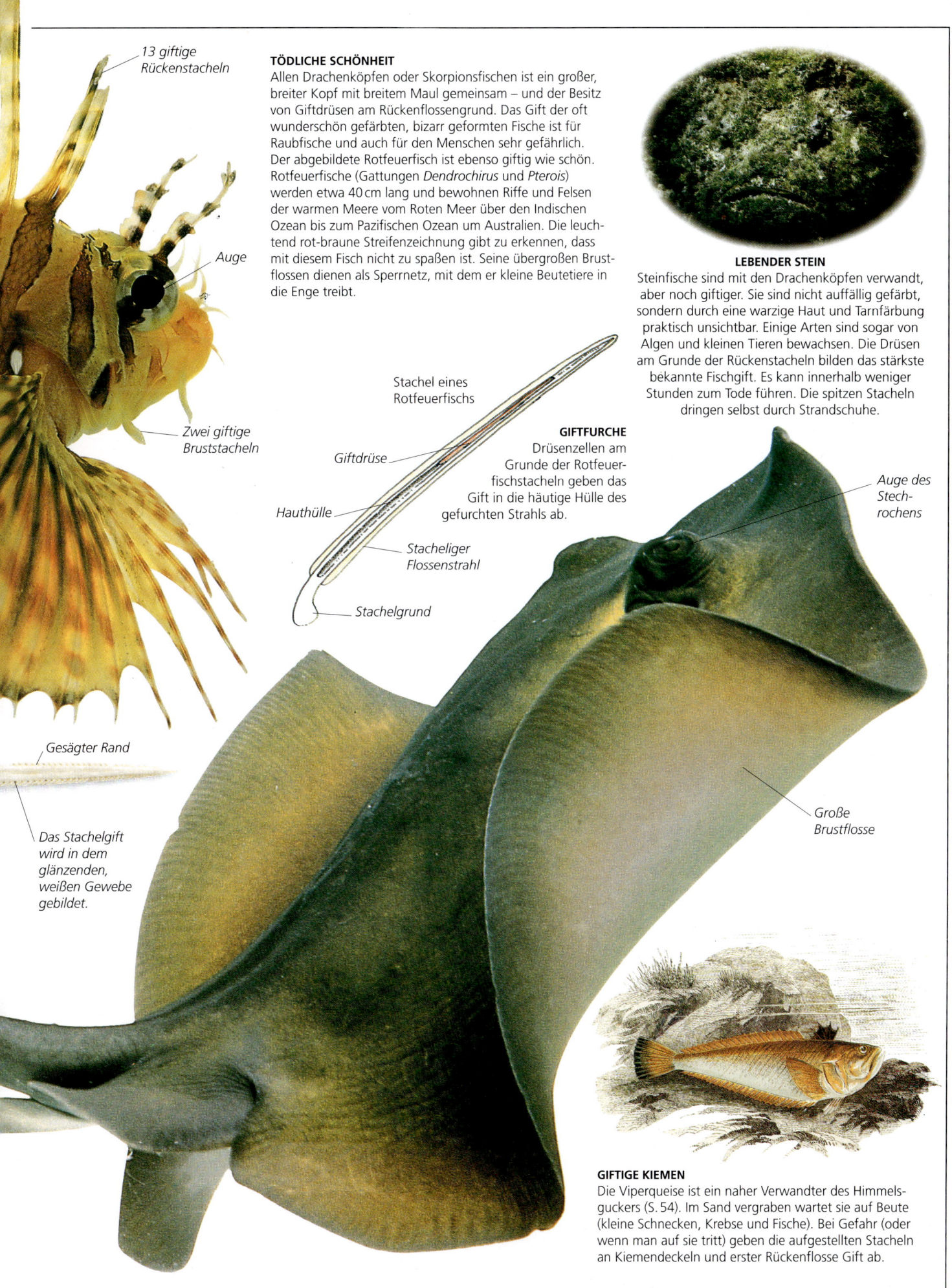

13 giftige Rückenstacheln

Auge

Zwei giftige Bruststacheln

TÖDLICHE SCHÖNHEIT
Allen Drachenköpfen oder Skorpionsfischen ist ein großer, breiter Kopf mit breitem Maul gemeinsam – und der Besitz von Giftdrüsen am Rückenflossengrund. Das Gift der oft wunderschön gefärbten, bizarr geformten Fische ist für Raubfische und auch für den Menschen sehr gefährlich. Der abgebildete Rotfeuerfisch ist ebenso giftig wie schön. Rotfeuerfische (Gattungen *Dendrochirus* und *Pterois*) werden etwa 40 cm lang und bewohnen Riffe und Felsen der warmen Meere vom Roten Meer über den Indischen Ozean bis zum Pazifischen Ozean um Australien. Die leuchtend rot-braune Streifenzeichnung gibt zu erkennen, dass mit diesem Fisch nicht zu spaßen ist. Seine übergroßen Brustflossen dienen als Sperrnetz, mit dem er kleine Beutetiere in die Enge treibt.

LEBENDER STEIN
Steinfische sind mit den Drachenköpfen verwandt, aber noch giftiger. Sie sind nicht auffällig gefärbt, sondern durch eine warzige Haut und Tarnfärbung praktisch unsichtbar. Einige Arten sind sogar von Algen und kleinen Tieren bewachsen. Die Drüsen am Grunde der Rückenstacheln bilden das stärkste bekannte Fischgift. Es kann innerhalb weniger Stunden zum Tode führen. Die spitzen Stacheln dringen selbst durch Strandschuhe.

Stachel eines Rotfeuerfischs

Giftdrüse

Hauthülle

GIFTFURCHE
Drüsenzellen am Grunde der Rotfeuerfischstacheln geben das Gift in die häutige Hülle des gefurchten Strahls ab.

Stacheliger Flossenstrahl

Stachelgrund

Auge des Stechrochens

Große Brustflosse

Gesägter Rand

Das Stachelgift wird in dem glänzenden, weißen Gewebe gebildet.

GIFTIGE KIEMEN
Die Viperqueise ist ein naher Verwandter des Himmelsguckers (S. 54). Im Sand vergraben wartet sie auf Beute (kleine Schnecken, Krebse und Fische). Bei Gefahr (oder wenn man auf sie tritt) geben die aufgestellten Stacheln an Kiemendeckeln und erster Rückenflosse Gift ab.

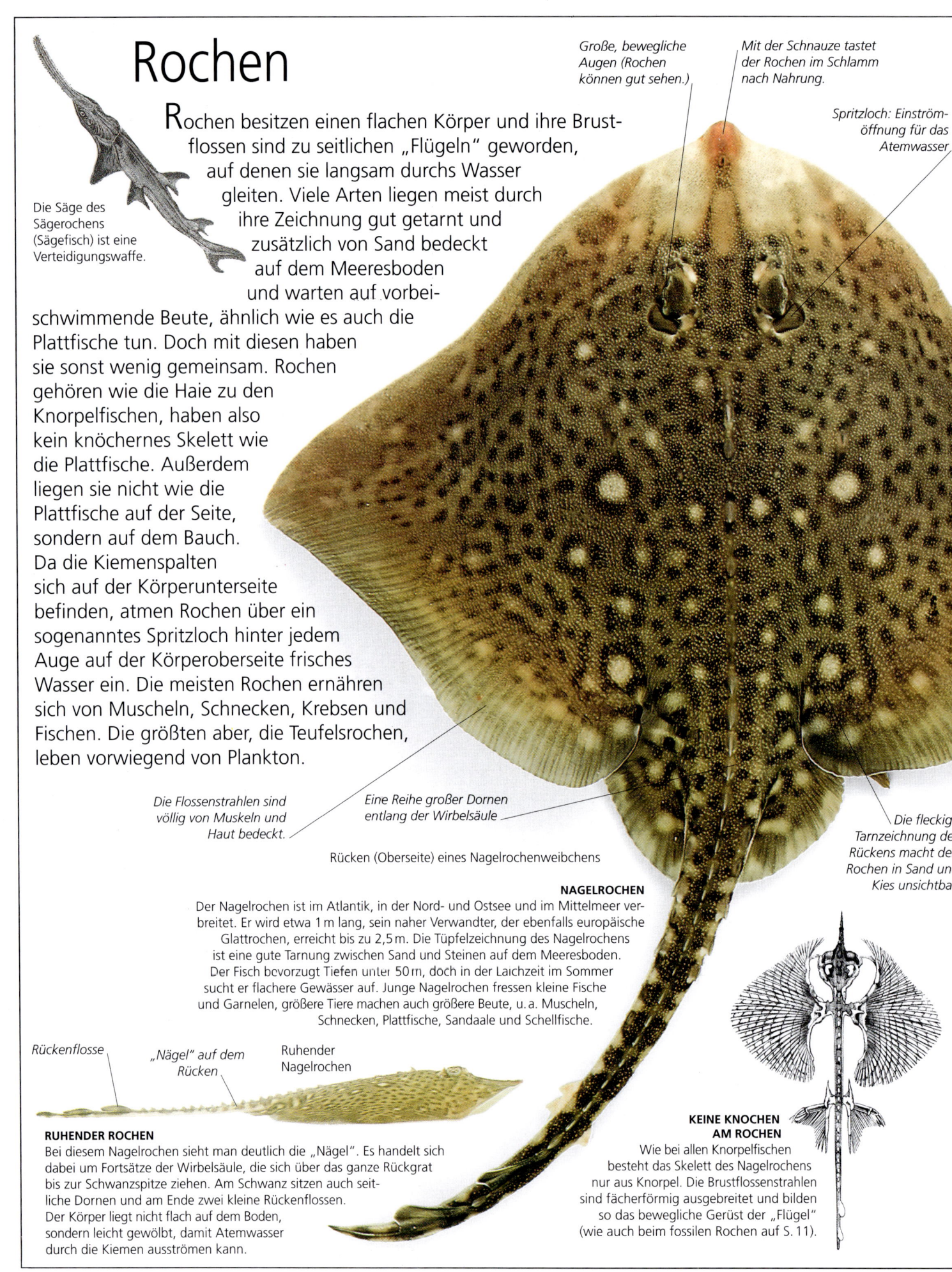

Rochen

Rochen besitzen einen flachen Körper und ihre Brustflossen sind zu seitlichen „Flügeln" geworden, auf denen sie langsam durchs Wasser gleiten. Viele Arten liegen meist durch ihre Zeichnung gut getarnt und zusätzlich von Sand bedeckt auf dem Meeresboden und warten auf vorbeischwimmende Beute, ähnlich wie es auch die Plattfische tun. Doch mit diesen haben sie sonst wenig gemeinsam. Rochen gehören wie die Haie zu den Knorpelfischen, haben also kein knöchernes Skelett wie die Plattfische. Außerdem liegen sie nicht wie die Plattfische auf der Seite, sondern auf dem Bauch. Da die Kiemenspalten sich auf der Körperunterseite befinden, atmen Rochen über ein sogenanntes Spritzloch hinter jedem Auge auf der Körperoberseite frisches Wasser ein. Die meisten Rochen ernähren sich von Muscheln, Schnecken, Krebsen und Fischen. Die größten aber, die Teufelsrochen, leben vorwiegend von Plankton.

Die Säge des Sägerochens (Sägefisch) ist eine Verteidigungswaffe.

Große, bewegliche Augen (Rochen können gut sehen.)

Mit der Schnauze tastet der Rochen im Schlamm nach Nahrung.

Spritzloch: Einströmöffnung für das Atemwasser

Die Flossenstrahlen sind völlig von Muskeln und Haut bedeckt.

Eine Reihe großer Dornen entlang der Wirbelsäule

Rücken (Oberseite) eines Nagelrochenweibchens

Die fleckige Tarnzeichnung des Rückens macht den Rochen in Sand und Kies unsichtbar

NAGELROCHEN

Der Nagelrochen ist im Atlantik, in der Nord- und Ostsee und im Mittelmeer verbreitet. Er wird etwa 1 m lang, sein naher Verwandter, der ebenfalls europäische Glattrochen, erreicht bis zu 2,5 m. Die Tüpfelzeichnung des Nagelrochens ist eine gute Tarnung zwischen Sand und Steinen auf dem Meeresboden. Der Fisch bevorzugt Tiefen unter 50 m, doch in der Laichzeit im Sommer sucht er flachere Gewässer auf. Junge Nagelrochen fressen kleine Fische und Garnelen, größere Tiere machen auch größere Beute, u. a. Muscheln, Schnecken, Plattfische, Sandaale und Schellfische.

Rückenflosse

„Nägel" auf dem Rücken

Ruhender Nagelrochen

RUHENDER ROCHEN

Bei diesem Nagelrochen sieht man deutlich die „Nägel". Es handelt sich dabei um Fortsätze der Wirbelsäule, die sich über das ganze Rückgrat bis zur Schwanzspitze ziehen. Am Schwanz sitzen auch seitliche Dornen und am Ende zwei kleine Rückenflossen. Der Körper liegt nicht flach auf dem Boden, sondern leicht gewölbt, damit Atemwasser durch die Kiemen ausströmen kann.

KEINE KNOCHEN AM ROCHEN

Wie bei allen Knorpelfischen besteht das Skelett des Nagelrochens nur aus Knorpel. Die Brustflossenstrahlen sind fächerförmig ausgebreitet und bilden so das bewegliche Gerüst der „Flügel" (wie auch beim fossilen Rochen auf S. 11).

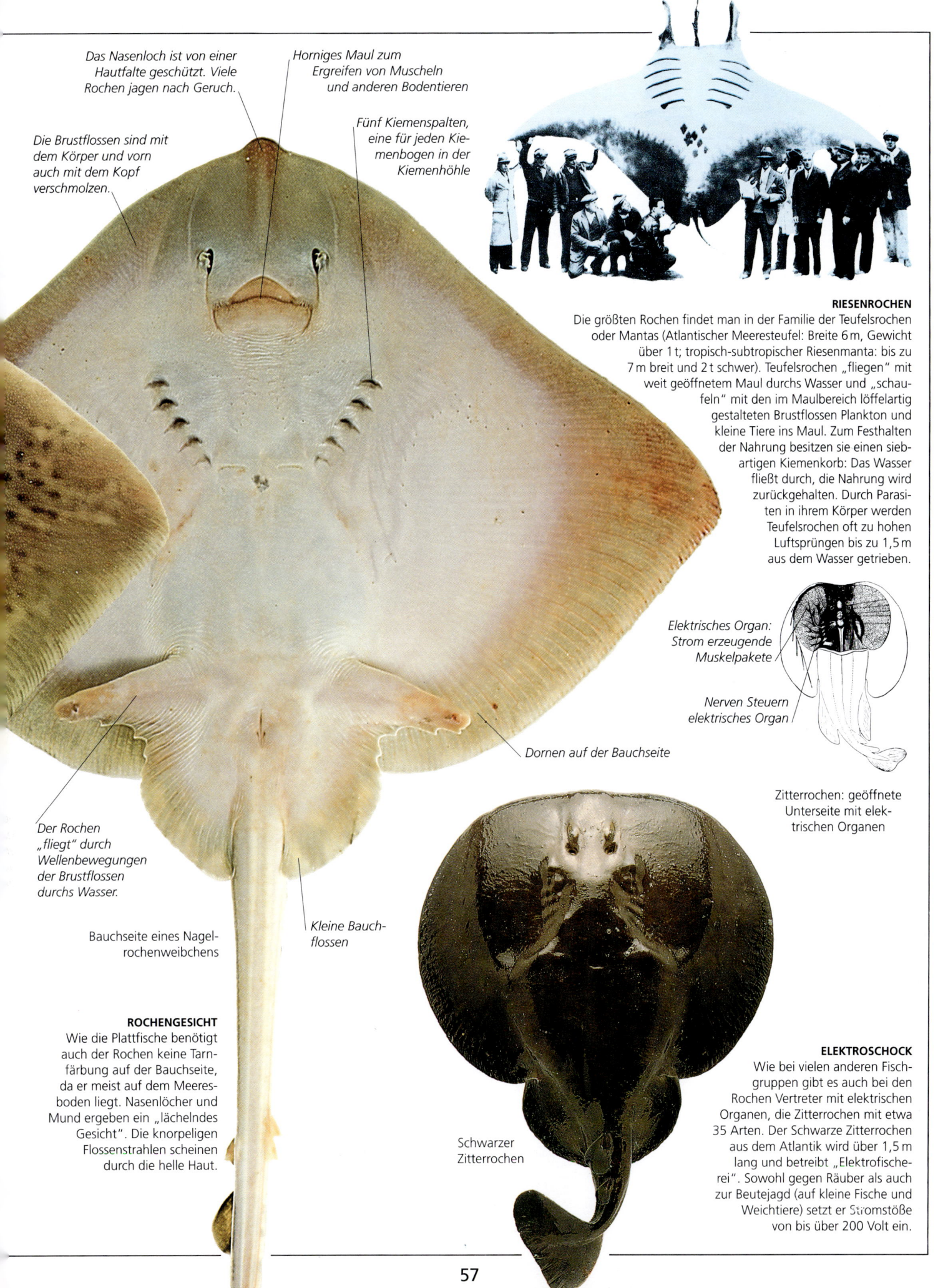

Das Nasenloch ist von einer Hautfalte geschützt. Viele Rochen jagen nach Geruch.

Horniges Maul zum Ergreifen von Muscheln und anderen Bodentieren

Fünf Kiemenspalten, eine für jeden Kiemenbogen in der Kiemenhöhle

Die Brustflossen sind mit dem Körper und vorn auch mit dem Kopf verschmolzen.

Dornen auf der Bauchseite

Der Rochen „fliegt" durch Wellenbewegungen der Brustflossen durchs Wasser.

Kleine Bauchflossen

Bauchseite eines Nagelrochenweibchens

ROCHENGESICHT
Wie die Plattfische benötigt auch der Rochen keine Tarnfärbung auf der Bauchseite, da er meist auf dem Meeresboden liegt. Nasenlöcher und Mund ergeben ein „lächelndes Gesicht". Die knorpeligen Flossenstrahlen scheinen durch die helle Haut.

Schwarzer Zitterrochen

RIESENROCHEN
Die größten Rochen findet man in der Familie der Teufelsrochen oder Mantas (Atlantischer Meeresteufel: Breite 6 m, Gewicht über 1 t; tropisch-subtropischer Riesenmanta: bis zu 7 m breit und 2 t schwer). Teufelsrochen „fliegen" mit weit geöffnetem Maul durchs Wasser und „schaufeln" mit den im Maulbereich löffelartig gestalteten Brustflossen Plankton und kleine Tiere ins Maul. Zum Festhalten der Nahrung besitzen sie einen siebartigen Kiemenkorb: Das Wasser fließt durch, die Nahrung wird zurückgehalten. Durch Parasiten in ihrem Körper werden Teufelsrochen oft zu hohen Luftsprüngen bis zu 1,5 m aus dem Wasser getrieben.

Elektrisches Organ: Strom erzeugende Muskelpakete

Nerven Steuern elektrisches Organ

Zitterrochen: geöffnete Unterseite mit elektrischen Organen

ELEKTROSCHOCK
Wie bei vielen anderen Fischgruppen gibt es auch bei den Rochen Vertreter mit elektrischen Organen, die Zitterrochen mit etwa 35 Arten. Der Schwarze Zitterrochen aus dem Atlantik wird über 1,5 m lang und betreibt „Elektrofischerei". Sowohl gegen Räuber als auch zur Beutejagd (auf kleine Fische und Weichtiere) setzt er Stromstöße von bis über 200 Volt ein.

Haie

Nase zum Jagen nach Geruch

Der Drescher hat eine kurze, stumpfe Schnauze.

Große Augen zum Jagen nach Sicht (Drescher sehen besser als die meisten Haie.)

Eine dreieckige Rückenflosse im sonst ruhigen Meer bringt jeden Schwimmer in Panik. Denn unter der Flosse ist ein Fisch, der nicht nur meisterhaft schwimmen kann, sondern wegen seiner scharfen Zähne und räuberischen Gier berühmt-berüchtigt ist: der Hai. Eine ganze Reihe von Haien sind gefräßige und geschickte Räuber.

Auge in Auge mit einem gefährlichen Raubfisch: Der Blauhai hat ein Maul voller scharfer Zähne.

Mit ihren gut entwickelten Sinnesorganen (Augen, Geruchssinn und Organen im Nasenbereich, mit denen sie eletrische Felder wahrnehmen können) entdecken sie ihre Beute, schießen blitzschnell auf sie zu und beißen mit ihren mörderischen Zähnen zu. Doch nicht alle Haie sind gefährlich, wendig und stromlinienförmig. Die Ammenhaie aus dem östlichen Pazifik schwimmen nur langsam und greifen Menschen nur an, wenn man sie sehr provoziert. Sie ernähren sich am Meeresgrund von Muscheln und Schnecken. Die plumpen Körper mit den abgeflachten Köpfen sind durch eine gelb-orange-braune Fleckenzeichnung getarnt, wenn die Ammenhaie zwischen Steinen und Algen auf dem Meeresboden liegen.

Kleine spitze Zähne zum Ergreifen der Beute

Die Kiemenspalten eines Hais sind nicht von einem Kiemendeckel bedeckt.

PRIMITIVE JÄGER

Haie werden oft als „primitive" (urtümliche) Tiere bezeichnet, weil sie ziemlich am Anfang in der Entwicklungsgeschichte der Fische stehen. Sie haben sich seit Jahrmillionen kaum verändert. Das bedeutet jedoch nicht, dass sie nicht mehr in die heutige Zeit passen. Ihr Lebensformtyp ist heute genauso erfolgreich wie vor Millionen von Jahren. Ein früher Vertreter der Haie war der 2 m lange *Cladoselache*, der Schrecken der Meere vor 350 Mio. Jahren. Der Krausenhai ist ein „lebendes Fossil", er scheint auf dem Entwicklungsstadium des *Cladoselache* stehen geblieben zu sein, dem er mehr gleicht als anderen, heute lebenden Haien.

Cladoselache aus dem Oberen Devon

Der Krausenhai, ein seltener Tiefseebewohner

DRESCHERHAI

Der Fuchshai oder Drescher besitzt einen sehr langen Schwanz (bei diesem Exemplar reicht er bis S. 61). Der Fuchshai jagt Schwarmfische wie Sardinen, Heringe oder Makrelen. Hat er einen Schwarm eingeholt, umkreist er ihn in immer enger werdenden Kreisen und „drischt" dabei mit seinem Schwanz auf die Beute ein (daher der Name Drescher). Dadurch geraten die Beutefische in Panik und er hat leichtes Spiel mit ihnen. Er schwimmt einfach mit offenem Maul in den Schwarm und schnappt zu. Gierig verschlingt er Dutzende von Fischen mit Haut und Knochen. Im Magen eines gefangenen Dreschers fand man 25 Makrelen. Der Fuchshai lebt in den wärmeren Küstengewässern des Atlantiks und östlichen Pazifiks, zieht jedoch im Sommer in die kühleren Meere vor Nordeuropa und Neuengland (USA). Der Drescher wird bis zu 6 m lang, aber nur 450 kg schwer, da der dünne Schwanz die halbe Länge ausmacht.

HAIGERÜST

Als Knorpelfische besitzen Haie ein Knorpelskelett. Doch der Knorpel ist nicht gummiartig weich, sondern ziemlich hart – wie die Kraft zeigt, die hinter dem Biss eines Hais steckt (S. 61). An diesem Hornhai-Skelett sieht man, dass der hintere Teil der Wirbelsäule in den oberen Flügel der Schwanzflosse ausläuft. So entsteht die für Haie kennzeichnende „heterozerke" Schwanzflosse (S. 30). An den Begattungsorganknochen an den Bauchflossen erkennt man, dass es sich um das Skelett eines Männchens handelt.

Kampfspuren: Narben und Kratzer auf der Haut

Dreieckige Rückenflosse

Dunkelgraue Körperoberseite

HAMMERKOPF

Es gibt mehrere Erklärungsversuche für die Kopfform der Hammerhaie. Durch den weiten Abstand der Augen und Nasenlöcher können sie vielleicht besser die Richtung der Beute ausmachen. Der flache Kopf treibt vielleicht auch als eine Art Schwimmflügel den Vorderkörper zusätzlich an. Eines aber ist sicher: Hammerhaie sind Experten in der Stachelrochenjagd.

Kleine, höckerartige zweite Rückenflosse

FILMSTAR

Der Star des Films *Der Weiße Hai* (S. 61) wird bis zu 9 m lang, nicht ganz so riesig wie im Film.

Weiße Körperunterseite

Große, sichelförmige Brustflosse

Kleine Bauchflossen

HAIGEBURT

Einige Haie legen Eier (Oviparie). Bei anderen bleiben die Eier im Mutterleib, bis die Jungen schlüpfen (Ovoviviparie). Bei einer dritten Gruppe versorgen die Mütter die Babies im Mutterleib über ihren Blutkreislauf durch eine Dottersackplazenta mit Nahrung und Sauerstoff. Die Jungen werden voll entwickelt geboren (Viviparie).

59

Fortsetzung auf Seite 60

Die Waffen des Jägers

Bei dem Wort „Hai" denkt man sofort an scharfe Zähne. Diese Fische haben aber nicht nur viele kräftige Zähne, ihre Zähne wachsen auch ständig nach. Bei den meisten Arten sind sie kegelförmig mit scharfen, spitzen und gesägten Rändern – ein Kennzeichen für Raubfische. Haie jagen auch Beutetiere, die sie nicht auf einmal verschlingen können. Dann reißen sie mundgerechte Stücke ab, indem sie die Zähne in die Beute schlagen und den Kopf hin- und herschütteln.

NIMMERSATT

Das offene Maul eines Tigerhais zeigt Reihen rasiermesserscharfer Zähne. Der bis zu 6 m lange Hai erreicht das 15–20-fache Gewicht eines Menschen. Er kann seine Kiefer nach vorn und außen schwingen, die Schnauze nach oben ziehen, die Augen in den Höhlen verschwinden lassen und so das Maul weit aufreißen. Er frisst alles, was ihm in die Quere kommt, von Tintenfischen über Feuerfische, andere Haie und Schildkröten bis hin zu Müll und Menschen.

In den warmen Meeren der Erde jagt der Tigerhai sogar in nur 1 m Wassertiefe.

KLEINER RÄUBER

Der Kleingefleckte Katzenhai ist einer der kleinsten Haie (S. 28). Er besitzt viele kleine, spitze Zähne und jagt, hauptsächlich nach Geruch, am Meeresboden nach Würmern, Garnelen, Krebsen, Muscheln und Schnecken. Diese Art ist der häufigste Hai der europäischen Gewässer und für Menschen ungefährlich.

MUSCHELFRESSER

Der plumpe Doggerhai, ein Hornhai aus Australien, wird etwa 2 m lang. Er ist für den Menschen ungefährlich, aber trotzdem unbeliebt, weil er ganze Austernbänke vernichten kann. Wie mit einem Schleppnetz fischt er mit seinem Maul Muscheln und Schnecken aus dem Sand oder Schlamm und zermalmt sie mit seinen als Mahlzähne ausgebildeten seitlichen Zahnreihen.

Doggerhai

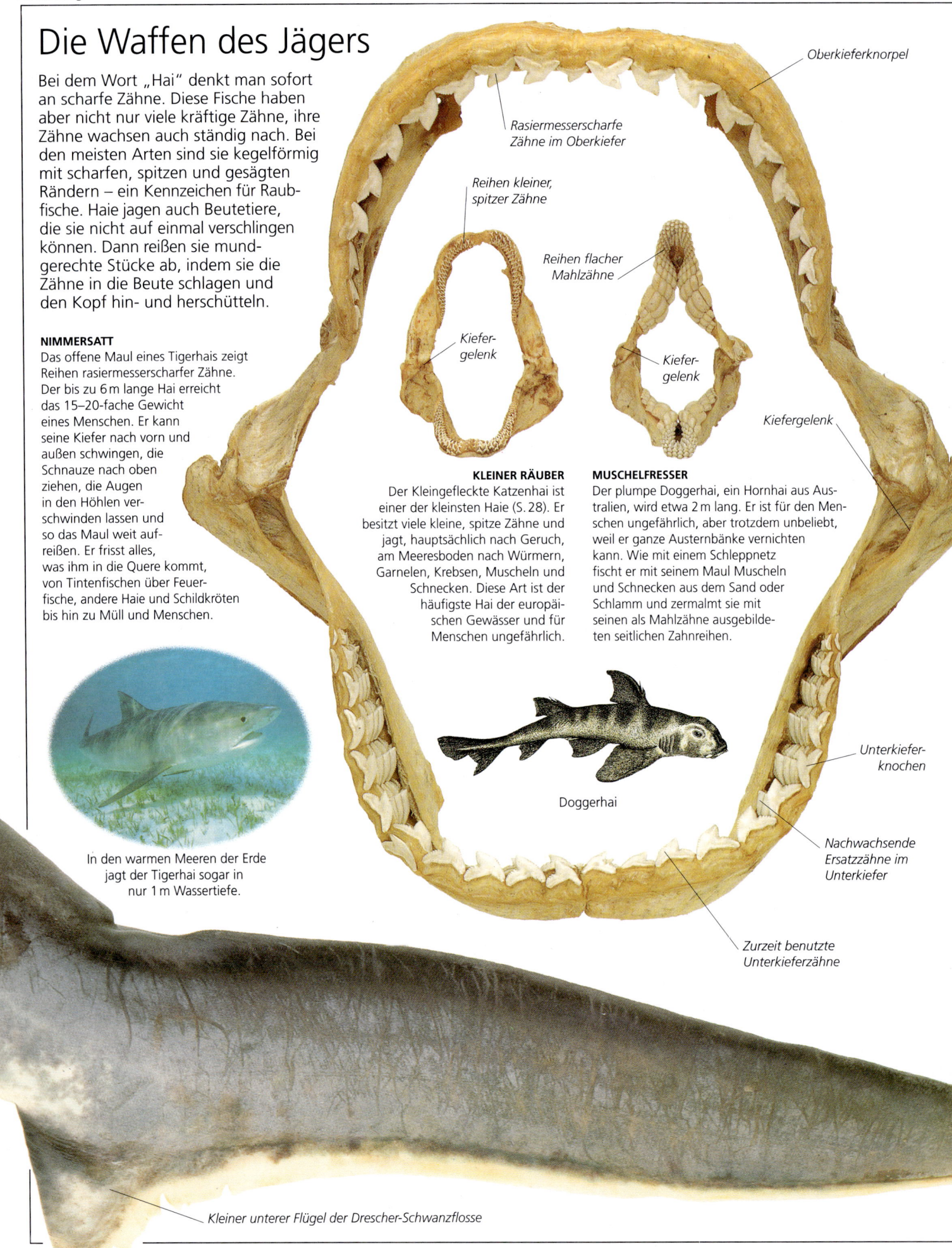

Oberkieferknorpel

Rasiermesserscharfe Zähne im Oberkiefer

Reihen kleiner, spitzer Zähne

Reihen flacher Mahlzähne

Kiefergelenk

Kiefergelenk

Kiefergelenk

Unterkieferknochen

Nachwachsende Ersatzzähne im Unterkiefer

Zurzeit benutzte Unterkieferzähne

Kleiner unterer Flügel der Drescher-Schwanzflosse

GROSSER FISCH MIT KLEINEN ZÄHNEN
Der größte Fisch hat mit die kleinsten Zähne. Die „Zähne" des Walhais, abgewandelte Zahnschuppen, ziehen sich in Reihen über Maul, Kiemen, Hals und Speiseröhre. Sie dienen als Sieb zum Ausfiltern von Plankton aus dem Wasser, das der Walhai durchs Maul ein- und durch die Kiemen ausströmen lässt, während er gemächlich durchs Wasser schwimmt.

Sehr langer Oberflügel der Drescher-Schwanzflosse

Zahnreihen des Walhais

Kleine Zähne = abgewandelte Zahnschuppen

Riesenhai

KLEINE RIESENZÄHNE
Der bis zu 14 m lange Riesenhai, der zweitgrößte Fisch nach dem Walhai, hat viele kleine Zähne, die er aber nicht benutzt. Seine Nahrung filtert er mithilfe eines Kiemenkorbs aus dem Wasser (S. 9).

Unterkieferknorpel eines Riesenhais

DRESCHER
Wie einen dicken Lederriemen kann der Drescher seinen muskulösen Schwanz in alle Richtungen schwingen. Ein Drescher im Fangnetz ist der Albtraum eines jeden Fischers: Er beschädigt das Netz und verletzt andere Fische durch panische Schwanzschläge.

Fossiler Haizahn (verkleinerte Abbildung)

VON HAIEN BEWACHT
Gefängnisse und Strafkolonien auf Inseln wie der Teufelsinsel vor Französisch-Guyana waren stets gut bewacht – von Haien. Diese machten kurzen Prozess mit Gefangenen, die zu fliehen versuchten.

FOSSILER JÄGER
Die knorpeligen Skelette prähistorischer Haie sind selten fossil erhalten, wohl aber die harten Zähne. Dieser fossile Zahn eines Weißen Hais ist im Original so groß wie die Hand eines Menschen. Das zeigt, dass räuberische Weiße Haie wie *Procarcharodon* (von vor 20 Mio. Jahren) fast 13 m lang wurden.

WEISSER TOD
Untersuchungen beim Weißen Hai haben ergeben, dass ein einziger Zahn mit einer Kraft von über 588 N (Newton) zubeißen kann. Hinter dem ganzen Gebiss steckt ein Druck von mehreren Tonnen. Oben ist das Skelett der Kiefer abgebildet, die locker unter der Schnauze und dem übrigen Schädel eingehängt sind.

Der furchterregende Weiße Hai erhebt sich drohend aus dem Wasser.

Zurzeit benutzte Zähne

NEUE ZÄHNE
Beim Hai wachsen hinten im Kiefer ständig neue Zähne nach. Diese werden wie mit einem „Förderband" immer weiter nach vorn befördert. Vorn klappen sie dann nach außen und können benutzt werden. Die abgenutzten Zähne werden ständig durch neue von hinten ersetzt. Die Abbildung zeigt die charakteristischen Dolchzähne eines Mako, eines sehr schnellen und angriffslustigen Hais.

Ältere Zähne werden abgenutzt oder abgestoßen.

Schnitt durch Kieferknorpel

Neue Zähne entwickeln sich im Kiefer.

Fischkunde

Überall in den Laboratorien und Forschungsstationen der Erde untersuchen Wissenschaftler Fische. Viele davon sind Fischspezialisten oder Ichthyologen (von *ichthys*, dem griechischen Wort für „Fisch"). Die Forschung an Fischen wird nicht nur aus wissenschaftlicher Neugier betrieben. Für viele Menschen ist Fisch ein wichtiges Nahrungsmittel zur Deckung des Eiweißbedarfs. Die Fischbestände werden ständig kontrolliert, um zu sehen, ob sich durch Überfischung bedrohte Arten wieder erholt haben, und um neue Fischgründe zu erkunden. Die meisten Fische reagieren sehr empfindlich auf kleinste Mengen fremder Chemikalien, und Fischkrankheiten oder ihr völliges Verschwinden aus Flüssen, Seen und Meeren zeigen deren Verschmutzungsgrad. Zwei Drittel der Erde sind von Wasser bedeckt und die Artenvielfalt und der Zustand der darin lebenden Fische sind ein Maßstab für den Gesundheitszustand unserer Erde.

DARWINS FISCHE
Auf seiner Weltreise in den 1930er-Jahren sammelte und untersuchte Charles Darwin viele Fischarten. Auf seinem Schreibtisch liegt ein Felsenbarsch aus Chile (links). Darwin schreibt von einem Igelfisch, der von einem Hai verschlungen, sich aber scheinbar durch dessen Seite wieder herausgefressen hatte: „Wer hätte gedacht, dass so ein kleiner, weicher Fisch einen großen wilden Hai zerstören kann?"

Flexible Kaltlichtleuchte zur Beleuchtung von Gegenständen unter dem Binokular

Abgewinkelte Sonde zum Trennen von Gewebeblöcken und Organen

Nadel oder Sehnenskalpell zum Zerschneiden von Nerven

Feines Skalpell zum Durchtrennen von Muskeln und Blutgefäßen

WERKZEUGE
Zur wissenschaftlichen Fischuntersuchung benötigt man verschiedene Spezialwerkzeuge. Da Knochen, Muskeln und Sehnen fest und hart sind, erfordert es großes Geschick, die Organe ohne Beschädigung freizulegen.

Knochenmeißel zum Durchtrennen dicker Schuppen und Knochen

Skalpell zum Aufschneiden der Schuppenhaut

KNOCHENFÄRBUNG
Fischkörper werden mit den verschiedensten Chemikalien behandelt, je nachdem, was man untersuchen will. Bei der Alizarintechnik werden Fleisch und weiche Organe zu einer durchsichtigen Gallertmasse, Knochen und Flossenstrahlen färben sich durch den Alizarinfarbstoff (Krapprot, ursprünglich von der indischen Krapp-Pflanze gewonnen) dunkelrot. Dann kann man das Skelett unter die Lupe nehmen und Knochenform und Größenverhältnisse untersuchen.

Feine Pinzette zum Herauspräparieren von Blutgefäßen und kleinen Organen

Spritze mit feiner Nadel zum Einspritzen von Konservierungsmitteln

BILDERBUCH
Bestimmungsbücher und Nachschlagewerke sind zur Artbestimmung unerlässlich. Fotografien sind nie falsch, doch oft stellen Zeichnungen die Kennzeichen einer Art besser heraus.

RÖNTGENFISCH
Knochen und Knorpel von Fischen kann man wie die des Menschen auf einem Röntgenschirm betrachten (unten). So kann man den Knochenbau lebender Fische über längere Zeit verfolgen und Krankheiten untersuchen.

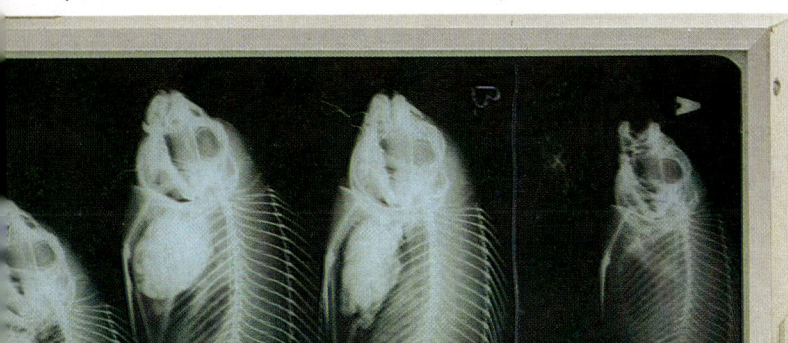

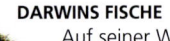

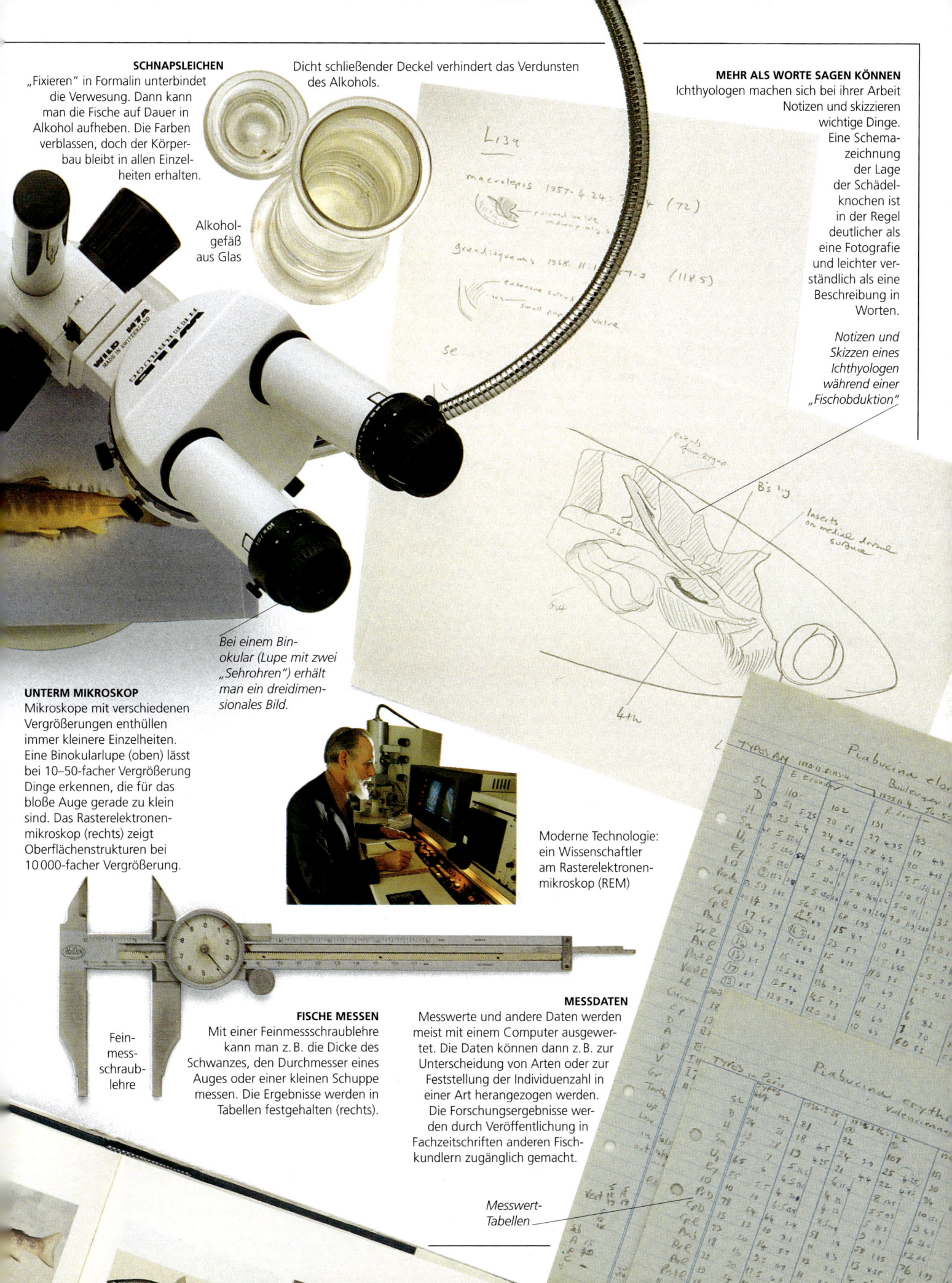

SCHNAPSLEICHEN
„Fixieren" in Formalin unterbindet die Verwesung. Dann kann man die Fische auf Dauer in Alkohol aufheben. Die Farben verblassen, doch der Körperbau bleibt in allen Einzelheiten erhalten.

Dicht schließender Deckel verhindert das Verdunsten des Alkohols.

Alkoholgefäß aus Glas

MEHR ALS WORTE SAGEN KÖNNEN
Ichthyologen machen sich bei ihrer Arbeit Notizen und skizzieren wichtige Dinge. Eine Schemazeichnung der Lage der Schädelknochen ist in der Regel deutlicher als eine Fotografie und leichter verständlich als eine Beschreibung in Worten.

Notizen und Skizzen eines Ichthyologen während einer „Fischobduktion"

UNTERM MIKROSKOP
Mikroskope mit verschiedenen Vergrößerungen enthüllen immer kleinere Einzelheiten. Eine Binokularlupe (oben) lässt bei 10–50-facher Vergrößerung Dinge erkennen, die für das bloße Auge gerade zu klein sind. Das Rasterelektronenmikroskop (rechts) zeigt Oberflächenstrukturen bei 10 000-facher Vergrößerung.

Bei einem Binokular (Lupe mit zwei „Sehrohren") erhält man ein dreidimensionales Bild.

Moderne Technologie: ein Wissenschaftler am Rasterelektronenmikroskop (REM)

Feinmessschraublehre

FISCHE MESSEN
Mit einer Feinmessschraublehre kann man z. B. die Dicke des Schwanzes, den Durchmesser eines Auges oder einer kleinen Schuppe messen. Die Ergebnisse werden in Tabellen festgehalten (rechts).

MESSDATEN
Messwerte und andere Daten werden meist mit einem Computer ausgewertet. Die Daten können dann z. B. zur Unterscheidung von Arten oder zur Feststellung der Individuenzahl in einer Art herangezogen werden. Die Forschungsergebnisse werden durch Veröffentlichung in Fachzeitschriften anderen Fischkundlern zugänglich gemacht.

Messwert-Tabellen

Wusstest du das?

Erstaunliche Fakten

Koikarpfen leben manchmal länger als ihre Besitzer. Im Durchschnitt erreichen Kois zwar nur ein Alter zwischen 40 und 60 Jahren, aber in Japan gab es einmal einen, der 230 Jahre alt geworden ist.

Der Seeteufel besitzt ein riesiges Maul mit vielen kräftigen Zähnen. Dieser Fisch hat einen gewaltigen Hunger und frisst nahezu alles. Fischen, Schildkröten und sogar tauchenden Seevögeln lauert er aus dem Hinterhalt auf. Er verschlingt Fische, die so groß sind wie er selbst.

Verwette niemals dein Geld auf Seepferdchen – sie schwimmen unglaublich langsam.

Der Feenbarsch kann sich sein Geschlecht aussuchen. Sind keine Männchen in Sicht, mit denen es sich paaren kann, verwandelt sich das Weibchen einfach in ein Männchen.

Der australische Ananasfisch macht seinem Namen alle Ehre. Mit seinen schwarz gerandeten gelben Schuppen sieht er wie eine schwimmende Ananas aus.

Koikarpfen lassen sich von Hand füttern.

Seepferdchen

Greifschwanz

Sicher hast du schon von Zitteraalen gehört, die ihrer Beute einen elektrischen Schlag verpassen, um sie zu töten. Auch andere Fische tun das, z. B. Zitterrochen und der Elektrische Sternengucker.

Wenn Gefahr droht, pumpen sich Kugelfische mit Luft und Wasser voll. Aber viel lieber fressen sie sich kugelrund. Man sagt, dass die Fische bis zur Bewusstlosigkeit fressen würden, wenn sie Gelegenheit dazu hätten.

Fledermausfische stellen sich tot, wenn sie sich bedroht fühlen. Wenn sie regungslos auf der Seite treiben, sehen die Fische aus wie ein Blatt, das im Wasser schwimmt.

Laternenträger haben immer eine Taschenlampe dabei. Nachts sind diese Fische von einem grünlichen Schimmer umgeben. Bakterien, die in den Leuchtorganen unter den Augen sitzen, produzieren das Licht.

Der Vampirfisch, ein kleiner Fisch im Amazonas und Orinoco in Südamerika, ist schwer zu entdecken, denn sein Körper ist fast durchsichtig. Er ernährt sich von Blut – menschlichem wie tierischem.

Das Vierauge besitzt zweigeteilte Pupillen. So kann dieser südamerikanische Fisch gleichzeitig über und unter Wasser alles im Auge behalten.

Wie alt ist ein Fisch? Schau dir die Schuppen an: Die Wachstumsringe verraten – ähnlich wie die Jahresringe bei Bäumen – das Alter des Fischs.

Kaninchenfische tragen ihren Namen zu Recht: Sie haben einen leichten Überbiss, lange Schneidezähne, große schwarze Augen und die Angewohnheit, permanent zu fressen.

Fischregen gibt es wirklich: Wenn sich auf dem Meer ein Wirbelsturm entwickelt, wird manchmal Wasser und mit ihm kleine Fische emporgezogen. Wenn sich später die Wolken öffnen und es regnet, fallen auch die Fische vom Himmel. Schon der römische Gelehrte Plinius der Jüngere berichtete von einem Fischregen im 1. Jh. n. Chr.

Der Anglerfisch trägt einen Fortsatz, der aussieht wie eine Angel mit Köder. Nähert sich neugierige Beute, schnappt der Fisch zu.

Fische suchen Schutz in der Nähe der Tentakel.

Giftige Tentakel der Seeanemone

Korallenriff

Meerestiere produzieren das harte Skelett der Koralle.

Fragen und Antworten

Walhai

F Welcher ist der größte Fisch?

A Der Walhai wird bis zu 12 m lang, einzelne Exemplare erreichen sogar 14 m Länge. Allein das Maul ist erstaunliche 4 m breit! Dieser Gigant lebt in den warmen Gewässern im Atlantik, Pazifik und im Indischen Ozean. Er ernährt sich von riesigen Mengen winziger Krebse und Algen, dem Plankton, die in sein weit geöffnetes Maul strömen.

F Welche Fischart ist die älteste?

A Neunaugen und Schleimaale sind die primitivsten Fischarten. Diese seltsamen Meeresbodenbewohner besitzen kieferlose runde Mäuler. Fossilien zeigen, dass es kieferlose Fische schon lange gibt, erst später kamen Fische mit Kiefer und Gebiss.

F Schlafen Fische?

A Die Hirnströme der Fische ändern sich im Schlaf nicht wie beim Menschen, aber es gibt Perioden, in denen der Stoffwechsel herunterfährt, die Fische weniger reagieren und sich nur langsam bewegen.

F Können Fliegende Fische wirklich fliegen?

A Nein. Sie segeln eher durch die Luft. Dabei arbeitet die Schwanzflosse etwa so wie ein Außenbordmotor. „Flüge" von bis zu 90 m wurden beobachtet, aber meist segeln die Fische viel kürzere Strecken.

F Welcher ist der kleinste Süßwasserfisch?

A Forscher entdeckten 2006 einen winzigen Fisch in den Regenwäldern der indonesischen Insel Sumatra. Sie nannten ihn *Paedocypris progenetica*. Der Fisch wird mit einer Länge von 7,9 mm kaum größer als eine Mücke.

Paedocypris progenetica

F Wie schnell können Fische schwimmen?

A Große Fische wie der Marlin oder der Schwertfisch sind schnelle Jäger. Aber der Fächerfisch ist der schnellste von allen. Bis zu 109 km/h wurden schon gemessen – damit ist er schneller als ein Gepard.

F Wie weit können Fische schwimmen?

A Lachse legen bis zu 3200 km zurück, um in genau dem Flussgebiet zu laichen, wo sie geboren sind.

F Welcher Fisch legt die meisten Eier?

A Der Mondfisch mit seinem abgeflachten Körper sieht aus wie eine Scheibe mit Flossen. Dieser skurrile Fisch legt bis zu 30 Mio. Eier! Damit ist er der mit Abstand fruchtbarste Fisch.

F Welcher ist der größte räuberische Fisch?

A Der Weiße Hai mit seinen 3000 Zähnen ist der weltweit größte und am meisten gefürchtete Räuber. Er wird bis zu 6 m lang und lebt in subtropischen Gewässern. Aber wie fast alle Tiere meidet er Menschen lieber, anstatt anzugreifen.

Weiße Unterseite – so ist der Fisch von unten schwer zu erkennen.

F Welcher ist der angriffslustigste Süßwasserfisch?

Piranha

A Es ist der legendäre südamerikanische Piranha. Sein Maul ist voller spitzer dreieckiger Zähne, mit denen er seine Beute zerhackt. Auch wenn Berichte über Angriffe auf den Menschen meist übertrieben sind, solltest du besser nicht selbst herausfinden, wie viel Wahres dran ist.

F Können Fische hören?

A Ja, aber wie gut sie hören, ist von Art zu Art verschieden. Das Ohr liegt geschützt in der Schädelhöhle. Bei einigen Fischen spielt auch die Schwimmblase bei der Übertragung von Vibrationen eine Rolle. Wenn du an ein Aquarium klopfst, nimmt der Fisch das Geräusch als Druck auf seinen Körper wahr.

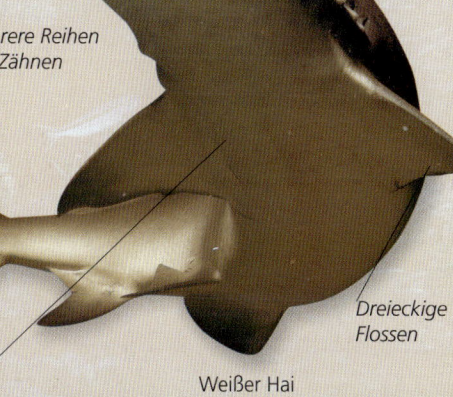

Mehrere Reihen von Zähnen

Dreieckige Flossen

Weißer Hai

Verrückte Fischgeschichten

Fische gibt es seit etwa 500 Mio. Jahren, trotzdem sind sie kein bisschen langweilig. Hier sind einige interessante Neuigkeiten:

Etwas zu trinken zum Fisch? Ein norwegischer Fischer staunte nicht schlecht, als er 2004 im Bauch eines Kabeljaus eine Cola-Dose fand. Die Dose war noch voll und hatte sogar noch ihre rote Farbe.

In einem Museum lehnte sich 2004 ein Mann so weit über ein großes Aquarium, dass sein Handy aus der Brusttasche fiel. Ein Wels kam angeschwommen und verschluckte das Handy. Der Versuch, das Telefon anzurufen, um zu sehen, welcher Fisch klingelte, misslang.

In dem Film *Findet Nemo* rettet sich ein Fisch durch die Toilette ins Meer zurück. In der Folge berichteten Hunderte von Eltern, ihre Kinder hätten ihre Fische auf demselben Weg „befreit". Daraufhin startete das Filmstudio die Kampagne „Fische gehören nicht ins Klo!"

In Maryland tauchten 2002 asiatische Schlangenkopffische in einem See auf. Die Tiere können an Land hüpfen und machen dort Jagd auf Frösche, Vögel und sogar auf kleine Säugetiere.

Mythen und Legenden

Vor etwa 500 Millionen Jahren erschienen die ersten Fische – kein Wunder also, dass diese faszinierenden Flossenträger in vielen Legenden und Mythen vorkommen. Sie übernehmen die Rolle von schrecklichen Monstern oder heroischen Göttern, von Trickbetrügern und gemeinen Lügnern. Als Meerjungfrau oder Sirene locken sie so manchen ins Verderben. Tauche ein die mythische Welt der Fische.

Tritons Muschelschale

Götter und Helden

In allen Mythen der Welt gibt es Götter und Helden, die in der Form von Fischen erscheinen. Manchmal sind sie halb Mensch, halb Fisch. In anderen Geschichten fliehen sie in der Gestalt eines Fischs. Fische gelten als Sinnbild des Lebens und der Schöpfung, denn sie leben im Wasser, aus dem alles Leben kam.

WAS FÜR EIN FANG!
Eine Legende in Neuseeland erzählt von dem Helden Maui, dessen magischer Fischerhaken eines Tages etwas fing. Maui und seine Brüder zogen mit aller Kraft – und aus dem Wasser stieg die Nordinsel Neuseelands.

HOCHWASSERWARNUNG
Der Hindugott Vishnu wurde zehnmal wiedergeboren, um dem Menschen zu helfen. Das erste Mal nahm er die Gestalt eines Fischs an, um die Menschen vor einer riesigen Flut zu warnen.

ENTWISCHT
In der römischen Mythologie trafen einst die Götter Venus und Cupido an einem Flussufer auf den Riesen Typhon. Aus Angst stürzten sie sich in den Fluss und verwandelten sich in Fische. Dann stiegen sie in den Himmel, wo sie seither das Sternbild Fische bilden.

KÜNSTE UND WISSENSCHAFTEN
Der mesopotamische Gott Oannes brachte den Menschen die Weisheit. Er hatte den Kopf eines Menschen und den Körper eines Fischs.

Brunnen mit Tritonstatue

DER RUF DES TRITON
Diese Kreatur, halb Mann, halb Fisch, ist der Sohn des Meeresgottes Poseidon. Wie hier im Bild wird Triton oft mit einer Muschel gezeigt. Indem er in die Muschel bläst, lässt er die Wellen steigen oder fallen.

Fische im Christentum

Der Fisch ist eines der ältesten Symbole des Christentums. Er steht für Jesus und seine Anhänger. Fische tauchen in der Bibel sowohl im Alten als auch im Neuen Testament auf, und manchmal wird Jesus als „Menschenfischer" bezeichnet.

Das Fischsymbol wird seit dem 1. Jh. von Christen verwendet.

BROT UND FISCHE
Die Bibel erzählt von der Speisung der 5000, als Jesus 5000 Menschen mit nur fünf Broten und zwei Fischen ernährte.

Dieses Mosaik zeigt das Wunder der Speisung der 5000.

JONA UND DER FISCH
Im Alten Testament weigert sich Jona, Gottes Wille zu befolgen. Er versucht, mit dem Segelboot vor Gottes Rache zu fliehen. Aber Gott schickt ihm stürmischen Wind und hohe Wellen. Das Boot kentert und ein riesiger Fisch verschluckt Jona. Drei Tage und Nächte bleibt Jona im Bauch des Fischs, bis er Gott um eine zweite Chance bittet.

HEILIGER FISCH
Der Seebischof ist ein Fabelwesen mit dem Kopf eines Bischofs und einem Fischkörper. Eine Geschichte erzählt, dass katholische Bischöfe einst einen Seebischof fingen. Als die Bischöfe den Fisch wieder freiließen, macht er die Geste des Kreuzes, bevor er im Meer verschwand.

CHRISTLICHES SYMBOL
Im Christentum steht der Fisch für Christus. Vermutlich verwendeten die frühen Christen das Zeichen oben als geheimes Erkennungszeichen.

SAGENHAFTE FISCHE
Keltische Legenden erzählen von Fischen, die in Quellen in der Nähe von Kirchen leben. Sie fressen Haselnüsse, die in die Quelle fallen, und erlangen dadurch besondere Fähigkeiten. Wer einem heiligen Fisch etwas antut, wird von den Göttern bestraft.

Monster der Tiefsee

In der Mythologie sind die meisten Fische und viele andere Wasserbewohner gutmütige Wesen. Aber einige sind regelrechte Monster.

Seemonster lauern unter Wasser.

HIPPOKAMP
Diese Wesen sind eine Mischung aus Pferd und Fisch. Der griechische Gott Poseidon spannte Hippokampen vor seinen Wagen, um damit über die Wellen zu reiten.

KLEINE MEERJUNGFRAU
Meerjungfrauen und Sirenen erscheinen in vielen Mythologien. Eine Meerjungfrau sieht aus wie eine Frau mit Fischschwanz. Manchmal trägt sie einen Spiegel als Symbol für die Wahrheit. Auch Sirenen erscheinen oft als halb Fisch, halb Mensch. Ihre Stimmen locken Männer ins Verderben.

Meerjungfrau in Kopenhagen (Dänemark)

NIXEN
Diese Wassergeister locken altnordischen Legenden nach Menschen ins Wasser, wo sie ertrinken. Nixen erscheinen als Fisch oder als Mensch. Es heißt, dass ein Merkmal sie in ihrer Menschenform verrät: Die Ränder ihrer Kleider sind immer feucht.

GIFTIGE GESCHOSSE
In den meisten Legenden sind Fische gutmütige Wesen. Doch in der Mythologie einiger pazifischen Inseln lebt ein ganz anderer fischiger Charakter. Adaro ist ein hinterhältiger Seegeist, halb Mensch, halb Fisch. Er hat Kiemen, Flossen anstelle von Füßen und auf dem Kopf einen Speer wie ein Schwertfisch. Er reitet auf einem Regenbogen über die Wellen und tötet Menschen, indem er mit giftigen Fischen auf sie schießt.

WARNUNG VOR DEM HAI
Auf Hawaii verehrten die Menschen Haie als Götter – aber gleichzeitig fürchteten sie sie auch. In vielen Legenden verwandelt sich ein Hai in einen Menschen, der an Land geht und die Badenden vor gefährlichen Haien warnt. Die Leute glauben ihm nicht und gehen ins Wasser, wo sie genau von dem Wesen gefressen werden, das sie zuvor gewarnt hat.

UNHEIMLICHE KREATUREN
Zur Zeit der Entdeckungsfahrten wusste man wenig über das, was dem Menschen im Wasser auflauerte. Viele Seeleute hatten Angst, am Ende der Welt von der Erde herunterzufallen. Wer kenterte, so hieß es, fiel Seeungeheuern zum Opfer. Das Bild oben zeigt, was für Monster gesichtet worden waren. Wahrscheinlich waren es aber doch nur ungewöhnliche Fische, wie z. B. der Riemenfisch.

REINGEFALLEN!
Der berühmte Schausteller P. T. Barnum zeigte 1842 die sterblichen Überreste einer Meerjungfrau von den Fidschi-Inseln. Er bezahlte ein Vermögen dafür, aber das lohnte sich, denn die Menschen strömten herbei, um sein Ausstellungsstück zu betrachten. Die Meerjungfrau war allerdings eine Fälschung: In Wahrheit stammte das Skelett von einem Rochen.

Fische als Symbol

Ob als Tierkreiszeichen oder als Zeichen für Reichtum – Fische tauchen in vielen Überlieferungen auf. Oft stehen sie für Fruchtbarkeit oder für Weisheit und Macht. In einigen Kulturen symbolisiert der Fisch den Zyklus von Tod und Wiedergeburt.

STERNZEICHEN FISCH
Die Vorstellung, dass die Bewegung von Sonne, Mond und Planeten unser Leben beeinflussen, ist schon jahrtausendealt. Etwa 3000 v. Chr. entwickelten Gelehrte in Mesopotamien das System der Tierkreiszeichen. In einem Sternzeichen geboren zu sein bedeutet, dass sich die Sonne zum Zeitpunkt der Geburt in diesem Himmelsabschnitt befand. Das Sternzeichen Fische gehört zu dem gleichnamigen Sternbild.

Sternzeichen Fisch

GLÜCKSFISCH
In Japan gilt der Tai, eine Meerbrasse, als Glücksbringer. Keine wichtige Zeremonie findet ohne ihn statt. Im Frühjahr färben sich die Fische rötlich. Weil Rot ebenfalls Glück verheißt, wird der Fisch zu dieser Zeit besonders verehrt.

GOLDKARPFEN
Seit Jahrtausenden gilt der Karpfen in China als Symbol für Reichtum und Macht. Die Lehre des Feng Shui rät: Wer im Leben Erfolg haben will, hängt das Bild eines goldenen Karpfens zu Hause auf.

LEGENDÄRER LACHS
Ein wichtiges Symbol der Ureinwohner Nordwestamerikas ist der Lachs. Dieser Fisch gehört dort zu den Grundnahrungsmitteln, besitzt aber auch große symbolische Kraft. Weil er so unbeirrbar stromaufwärts schwimmt, um seinen Geburtsort aufzusuchen, ist er ein Symbol für Mut und Beharrlichkeit.

Nordamerikanische Holzschnitzerei

Neugierig geworden?

Tauche ein in die Welt der Fische! Am besten beginnst du in einem öffentlichen Aquarium. Hier lernst du einige der rund 20 000 Arten kennen, die es weltweit gibt. In Museen kannst du dir Fossilien, Skelette oder lebende Fische anschauen. So lernst du alles, was du über Fische wissen musst – von den ausgestorbenen prähistorischen bis hin zu den heute lebenden Arten. Lerne zu schnorcheln oder zu tauchen, so siehst du das Meer voller Fische aus nächster Nähe. Vielleicht kaufst du dir ein eigenes Aquarium, in dem du eine Unterwasserwelt in Miniatur erschaffen kannst.

IM FISCHTUNNEL

Durch ein Aquarium zu laufen, ist die einzige Möglichkeit, „ins Wasser einzutauchen", ohne dabei nass zu werden. Alles, was dich hier von den Fischen trennt, ist eine dicke Glaswand. Auf der Seite rechts findest du Adressen von den besten Aquarien. Viele Aquarien zeigen sowohl heimische als auch exotische Fische und viele andere Wassertiere. So lernst du die Welt, in der die Fische leben, kennen. In vielen Aquarien, z.B. im Sea Life in Oberhausen, kannst du durch einen Tunnel direkt durch das Becken spazieren – und befindest dich Auge in Auge mit den Haien! Manchmal zieht sich ein Pfleger einen Taucheranzug an und schwimmt durch ein Becken, um zu sehen, ob alles in Ordnung ist.

Gewaltiges Maul verschluckt riesige Mengen an Plankton.

IN SEEN UND FLÜSSEN

Einige Aquarien haben sich auf Süßwasserfische aus Seen und Flüssen spezialisiert. Dieser Löffelstör ist im Mississippi in den USA heimisch. Auf der riesigen Stirnpartie trägt er viele Sinneszellen. Sie helfen dem Fisch, im trüben Wasser seine Beute aufzuspüren.

WISSEN ZUM ANFASSEN

Einige Aquarien besitzen Gezeitenbecken. Das sind Fischbecken, in denen Ebbe und Flut nachgestellt werden. Im Sea Life in Timmendorfer Strand gibt es Meeresbiologie zum Anfassen: Hier dürfen die Besucher Seesterne, Anemonen und Krabben berühren.

INTERNETADRESSEN

- Erfahre mehr über Fische und ihren Lebensraum.
  www.kindernetz.de/oli/tierlexikon/-/id=75012/14xwvdn/index.html
- Hier erfährst du, wie du zu Hause selbst Fische halten kannst.
  http://kids.aquarientreff.de/
- Können Fische seekrank werden?
  www.tierchenwelt.de/tierarten/fische.html
- Fische atmen mit ihren Kiemen.
  www.kidsweb.de/tiere/aquarium_spezial/wusstest_du_fische.html
- Internetseite des Deutschen Meeresmuseums in Stralsund.
  www.ozeaneum.de/aquarien.html

FISCHE IM FILM

Computeranimierte Filme wie *Große Haie – kleine Fische* oder *Findet Nemo* bringen die Unterwasserwelt in die Kinosäle. Die Geschichten entspringen der puren Fantasie. Aber die Filme zeigen die Faszination, die das Leben der Fische und anderer Lebewesen unter Wasser auf uns, die wir an Land leben, ausübt.

EIN FENSTER IN DIE WELT DER FISCHE

Ein eigenes Aquarium ist ideal, um die Welt der Fische zu erkunden. Die meisten Tierhandlungen bieten Pakete an, die alles enthalten, was du für den Anfang brauchst. Aber denke daran: Fische sind Lebewesen und du bist dafür verantwortlich, dass sie sich in ihrer Umgebung wohlfühlen.

Steine und Pflanzen für eine naturgetreue Umgebung

ZEIT ZUM ABTAUCHEN

Die Wasseroberfläche schimmert silbrig über dir und Tausende Fische schwimmen um dich herum – beim Tauchen fühlst du dich selbst ein bisschen wie ein Fisch. Um tauchen zu können, musst du einen Tauchkurs mit professionellen Lehrern absolvieren. Suche im Internet oder im Telefonbuch nach einer Tauchschule. Vielleicht kannst du auch bei deinem nächsten Urlaub tauchen lernen.

Fische besitzen Kiemen – du brauchst eine Taucherflasche.

Besuche doch mal …

MONTEREY BAY AQUADOM UND SEA LIFE (BERLIN)
4000 Meeresbewohner, darunter Haie und Rochen, gibt es zu bestaunen. Im einzigartigen AquaDom fahren Besucher in einem gläsernen Aufzug im Inneren dieses 25 m hohen zylindrischen Aquariums.

MEERESMUSEUM STRALSUND
Hier findest du Deutschlands größtes Meeresschildkröten-Becken. Außerdem gibt es Haie, tropische Fische und die Welt des Mittelmeers zu bestaunen.

AQUAZOO-LÖBBECKE MUSEUM (DÜSSELDORF)
450 verschiedene Tierarten leben hier in 80 Aquarien und du kannst sogar Haie aus der Nähe beobachten. Ein weiteres Highlight ist eine Pinguinanlage mit Eselspinguinen.

SEA LIFE OBERHAUSEN
Hier lebte der Krake Paul, der während der Fußball-WM 2010 als Tier-Orakel berühmt wurde. Im Unterwassertunnel aus Acrylglas siehst du tropische Meeresbewohner aus nächster Nähe.

SEA LIFE TIMMENDORFER STRAND
Mit Unterwassertunnel und Berührungsbecken, um Wasserbewohner hautnah zu erleben.

WILHELMA (STUTTGART)
Hier leben Bewohner der Nordsee und des Mittelmeers, aber auch der großen Weltmeere in naturnah gestalteten Unterwasserlandschaften. Eine besondere Attraktion ist die große Krokodilhalle.

HAUS DES MEERES (WIEN)
Das größte Aquarium in Österreich zeigt tropische Süßwasser- und Meeresfische ebenso wie Mittelmeertiere und heimische Süßwasserfische.

Glossar

Rückenflosse hilft beim Steuern und Bremsen.

AAL Gruppe von Fischen mit schlangenförmigen Körpern ohne Bauchflosse.

ACANTHODIER Prähistorischer haiähnlicher Fisch mit Stacheln an den Flossen.

AFTERFLOSSE Flosse auf der Unterseite einiger Haiarten.

ALGEN Wasserpflanzen, mikroskopisch klein bis hin zu mehrere Meter lang. Sie brauchen Nährstoffe wie Phosphat und Nitrat und Sonnenlicht, um zu wachsen. Sie produzieren lebenswichtigen Sauerstoff und sind ein bedeutendes Glied der Nahrungskette.

AMPHIBIEN Wechselwarme Wirbeltiere, z.B. Frösche, deren Leben meist als Kaulquappe mit Kiemen im Wasser beginnt. Später entwickeln sie Lungen und leben teilweise an Land.

ANTRIEB Kraft, die ein Objekt oder Lebewesen vorwärtstreibt.

AQUATISCH Im Süßwasser oder im Meer lebend.

ART Tiere und Pflanzen einer Art sehen sich meist sehr ähnlich und können sich miteinander fortpflanzen, nicht aber mit Vertretern anderer Arten.

Schwanzflosse

ATEMÖFFNUNG Auch Spiraculum, saugt Wasser an und leitet es in die Kiemen, z.B. bei Haien.

AUFTRIEB Tendenz oder Fähigkeit, im Wasser aufzusteigen.

BAKTERIEN Mikroskopisch kleine Lebewesen ohne Chlorophyll. Vermehren sich durch Teilung der Zellen. Ernähren sich oft von toten Lebewesen.

BARTEL Fleischiges Anhängsel am Maul, dient dem Auffinden von Beute im Schlamm.

BAUCHFLOSSE Paarig angelegte Flossen an der Bauchseite.

BEFRUCHTUNG Verschmelzung der männlichen und weiblichen Zellen bei der Fortpflanzung.

BRACKWASSER Leicht salziges Wasser, z.B. an einer Flussmündung.

BRUSTFLOSSE Paarig angelegte Flossen auf der Unterseite gleich hinter dem Kopf.

BUNTBARSCH Fische der Tropen und Subtropen, ähnlich den Mondfischen.

CRUSTACEEN Krebstiere, leben im Wasser und haben Kiemen. Krebse, Hummer, Krabben gehören dazu.

DENTIKEL Kleiner Zahn oder zahnartiger Fortsatz.

DORSAL Lagebezeichnung für „auf oder am Rücken gelegen".

DOTTERSACK Sackförmige Umhüllung um den Embryo, enthält Dotter (Fett und Proteine) als Nahrungsreserve.

EIHÜLLE Schutzhülle, in der der Embryo wächst.

EMBRYO Sich entwickelndes, ungeborenes Jungtier.

EXOSKELETT Den Körper tragende äußere Struktur, z.B. Muschelschalen.

FISCH Wechselwarmes im Wasser lebendes Wirbeltier mit Kiemen zum Atmen, Flossen und meist mit Schuppen.

FISCHMILCH Samen männlicher Fische, auch Melcher genannt.

FLOSSE Membranartiger Fortsatz bei Fischen zum Schwimmen, Steuern und Balancieren.

FLOSSENSTRAHLEN Gerüst der Flossen, aus Knochen oder Horn.

GANOIDSCHUPPEN Rautenförmige Schuppen mit knöcherner Unterlage und zahnschmelzartigem Überzug, z.B. beim Stör.

GLEICHWARM Eine gleichbleibende Körpertemperatur wird aufrechterhalten – sie ist oft höher ist als die der Umgebung – indem im Körper Energie in Wärme umgewandelt wird. Säugetiere und Vögel sind gleichwarm. *Siehe auch Wechselwarm*

Hai im Profil

HALBSCHNÄBLER Gruppe von Fischen, deren Unterkiefer um ein Vielfaches länger ist als der Oberkiefer.

HAUTZÄHNE Bilden eine raue Oberfläche und haben oft Rillen. Meist stehen sie dicht beisammen, sodass sie beim Schwimmen wenig Widerstand bieten. Wie normale Zähne bestehen sie aus Zahnbein und Zahnschmelz.

HYPEROSTOSE Verdickter Knochen.

ICHTHYOLOGIE Fischkunde, Zweig der Zoologie, der die Fische und ihre Lebensbedingungen erforscht.

KIEFERLOSE Urtümliche Fische ohne Kiefer, heute lebende Vertreter sind Neunauge und Schleimaal.

KIEMEN Atmungsorgan der meisten Wassertiere.

KLOAKE Ausgang für Kot, Urin, Eier oder Spermien.

KNOCHENFISCHE Gruppe von Fischen, deren Skelett aus Knochen besteht.

KNORPELFISCHE Gruppe von Fischen mit einem Skelett aus Knorpel.

KOKON Schützende Hülle, in der sich ein Jungtier entwickelt.

KORALLE Hartes, oft kalkhaltiges Skelett, das von bestimmten marinen Polypen gebildet wird.

Eihülle

KORALLENRIFF Hügelartige Struktur aus Korallen in flachen tropischen Gewässern.

LAICHEN Ablage von Eiern im Wasser.

LARVE Frühes Stadium einiger Lebewesen, bevor sie erwachsen werden.

LEBENDGEBÄHREND Tiere, z.B. Säugetiere, die ihre Jungen lebend zur Welt bringen, anstatt Eier zu legen.

MARIN Im Meer lebend.

MAULBRÜTER Fische, die die befruchteten Eier und Jungtiere im Maul tragen, um sie zu schützen.

METAMORPHOSE Änderung der Form eines Lebewesens im Lauf seiner Entwicklung (z. B. von der Fischlarve zum erwachsenen Fisch oder von der Raupe zum Schmetterling).

NIXENTÄSCHCHEN Leere Eihüllen einiger Haiarten, werden manchmal am Strand angespült.

OPERCULUM Knöcherner Deckel, der die Kiemenöffnung schützt.

ORGANISMUS Lebewesen.

OVIPAR Tiere, die Eier legen, aus denen sich die Jungen entwickeln, sind ovipar.

PAARIG Doppelt angelegtes Organ oder Körperteil (z. B. Brustflossen).

PARASIT Pflanze oder Tier, das in oder auf einem anderen Organismus lebt. Entzieht dem Wirt Nährstoffe, ohne etwas dafür zurückzugeben.

PHYTOPLANKTON Mikroskopisch kleine Algen, die Teil des Planktons sind.

Greif-schwanz

Seepferdchen

PLANKTON Winzige Tiere und Algen, die in den oberen Wasserschichten leben und mit der Strömung verfrachtet werden.

PLATTENKIEMER Gruppe der Knorpelfische mit Placoidschuppen ohne Schwimmblase. Haie und Rochen sind Plattenkiemer.

QUASTENFLOSSER Rund 400 Mio. Jahre alte Fischart, wurde erstmals 1938 vor Südafrika entdeckt.

RÄUBER Tier, dass andere Tiere jagt, um sie zu fressen.

REPTILIEN Gruppe von wechselwarmen landlebenden Wirbeltieren mit Lunge, knöchernem Skelett, Schuppen oder Hornplatten auf der Haut und einem Herz mit zwei Kammern.

RINGWADENNETZ Ringförmiges Fischernetz mit Schwimmern oben und Gewichten unten.

ROGEN Fischeier.

RÜCKENFLOSSE Unpaarige Flosse auf dem Rücken, dient der Steuerung und verhindert, dass der Fisch zur Seite rollt.

RÜCKGRAT Wirbelsäule.

SÄUGETIERE Gruppe von Wirbeltieren. Die Jungen kommen lebend zur Welt und werden von der Mutter gesäugt.

SCHALENTIERE Alte Bezeichnung für essbare Meerestiere mit Schale oder Panzer, z. B. Muscheln und Krebse.

SCHLEPPNETZ Großes, taschenförmiges Fischernetz, das von einem Boot durchs Wasser gezogen wird.

Röhren-förmiger Saugmund

SCHUPPEN Dünne, plättchenförmige Struktur auf der Haut vieler Fische.

SCHWANZFLOSSE Unpaarige Flosse am Schwanzende.

SCHWARM Große Gruppe von Fischen derselben Art, die zusammen umherschwimmen.

SCHWIMMBLASE Luftgefüllte Blase im Körper der meisten Fische; gibt ihnen Auftrieb.

SEEPFERDCHEN Gruppe von Fischen mit schlankem Schwanz und pferdeähnlichem Kopf.

SEITENLINIE Reihe von Sinnesorganen an den Seiten eines Fisches zum Wahrnehmen von Strömungen, Vibrationen und Druckänderungen.

SPEISERÖHRE Röhre von der Mundhöhle zum Magen.

STACHEL Spitzer Fortsatz auf dem Körper einiger Tiere, z. B. am Ende eines Flossenstrahls.

Schuppen

STROMLINIENFÖRMIG Körperform, die im Wasser den geringsten Widerstand bietet.

SYMBIOSE Gemeinschaft von Lebewesen, die zusammenleben und davon gegenseitig profitieren.

TARPUN Großer, silbriger, bis 2 m langer Fisch.

TENTAKEL Längliche Anhängsel an Mund oder Kopf, zum Fühlen oder Fortbewegen.

TOXIN Gift, das von einem Tier gebildet wird.

TROPISCH In den Tropen, d. h. nahe des Äquators, lebend.

UNPAARIG Einzeln angelegtes Organ oder Körperteil (z. B. Rückenflosse).

WAL Fischartiges Säugetier. Wale brauchen Luft zum Atmen und bringen ihre Jungen lebend zur Welt.

WANDERFISCHE Fische, die zum Laichen vom Meer flussaufwärts oder flussabwärts ins Meer schwimmen z. B. Lachse.

WECHSELWARM Tiere, die wechselwarm („kaltblütig") sind, sind darauf angewiesen, dass die Sonne ihren Körper aufwärmt. Die meisten Reptilien sind wechselwarm. Siehe auch Gleichwarm.

WIRBELLOSE Tiere ohne Wirbelsäule.

WIRBELTIER Jedes Tier mit Rückgrat. Dazu gehören Säugetiere, Fische, Vögel, Reptilien und Amphibien.

ZAHNSCHUPPEN Schuppenartige Hautzähnchen, z. B. auf der Haut von Haien.

Hakenförmige Dornen

Weiblicher Nagelrochen

Register

Dank und Bildnachweis

Dorling Kindersley dankt Geoff Potts, Fred Frettsome und Vicky Irlam von der Marine Biological Association, Plymouth; Rick Elliot und der Belegschaft von Waterlife Research Industries Ltd; Neil Fletcher, Simon Newnes & Partners, Billingsgate, London; Richard Davies von OSF für die Fotos auf S. 28–29, 23–33; Bari Howell von MAFF, Conwy, dafür, dass sie die auf S. 24–25 abgebildeten Eier und Küken zur Verfügung gestellt hat; Barney Kindersley; Lester Cheeseman und Jane Coney für zusätzliche Designarbeiten; Jane Parker für das Register.

Illustrationen: John Woodcock

Bildrecherche: Kathy Lockley

Der Verlag dankt den folgenden Personen und Institutionen für die freundliche Genehmigung zum Abdruck von Fotos:

(Abkürzungen: o = oben, go = ganz oben, u = unten, m = Mitte, l = links, gl = ganz links, r = rechts, Hg = Hintergrund)

Ardea: 37mr, 58gol. Biofotos/Heather Angel: 32gol. Anthony Blake / Roux Bros: 42gol. Bruce Coleman Ltd / Kim Taylor: 43gol. Philip Dowell: 18gol, 18ml, 18ur. Mary Evans Picture Library: 29ur, 55gol. Robert Harding Picture Library: 29ur, 55gol. Dave King: 27mr. Kobal Collection: 59ul. Frank Lane Picture Agency/Stevie McCutcheon: 28gor. David Morbey/Natural History Museum: 63m. A. van den Nieuwenhuizen: 28u. Planet Earth Pictures: 44gor, 44ml, 53gol, 60ul. James King: 52ul. John und Gillian Lythgoe: 49gor. Jane McKinnon: 23gom. Paulo Oliveria: 45gol. Peter Scoones: 11ur, 51gor; Bill Wood: 47go, Gary Summons/Natural History Museum: 62go. Survival Anglia/Alan Root: 33gor. Frank Spooner Pictures: 54m, 54um, 54ul. Zefa/J. Schupe: 7gor. AKG-Images: 67gor; Hilbich 66gor. Audubon Nature Institute: David Bull 68ml. Corbis: DreamWorks Animation/ Bureau L.A.Collections 69go; Amos Nachoum 65gol; Jeffrey L. Rotman 69u; Vince Streano 64gom. Dorling Kindersley: 65gor, 67ul; Paul Bricknell 69m; Jane Burton 71ml. Demetrio Carrasco 67gol; Alistair Duncan 66ul; Ken Findlay 64u; Frank Greenaway 65ur, 70go; Dave King 71gor; Rodney Shackell 65ul; Kim Taylor 70ur. Eric Thomas 66ur, Jerry Young 64ml, 70l, 71u. Monterey Bay Aquarium Foundation: Randy Wilder 68ur. Seattle Art Museum, Geschenk von John H. Hauberg: 67ur. Tennessee Aquarium: Richard T. Bryant 68ul; Todd Stanley 68gol.

Poster: Alamy Images: Poelzer Wolfgang mugl; Dorling Kindersley: Natural History Museum, London gol, gor, mogl, um, Richard Davies of Oxford Scientific Films mogr, mugl/ (Schlammspringer).

Cover: *Vorn:* Corbis: Stephen Frink / Science Faction u.

Alle anderen Abbildungen © Dorling Kindersley

Weitere Informationen unter www.dkimages.com

Weitere Themen in dieser Reihe:
(Bandnummer in Klammern)